古代歷史文化研究輯刊

四編

王明蓀 主編

第25冊

明代的告示榜文
——訊息傳播與社會互動（下）

連啟元 著

國家圖書館出版品預行編目資料

明代的告示榜文——訊息傳播與社會互動（下）／連啓元　著
—初版—台北縣永和市：花木蘭文化出版社，2010〔民 99
〕
目 4+144 面：19×26 公分
（古代歷史文化研究輯刊　四編；第 25 冊）
ISBN：978-986-254-245-3（精裝）
1. 中國政治制度　2. 傳播社會學　3. 傳播史　4. 明史
573.16　　　　　　　　　　　　　　　　　　99013199

ISBN - 978-986-254-245-3

9 789862 542453

古代歷史文化研究輯刊
四　編　第二五冊　　　　　　ISBN：978-986-254-245-3

明代的告示榜文——訊息傳播與社會互動（下）

作　　　者　連啟元
主　　　編　王明蓀
總 編 輯　杜潔祥
印　　　刷　普羅文化出版廣告事業
出　　　版　花木蘭文化出版社
發 行 所　花木蘭文化出版社
發 行 人　高小娟
聯絡地址　台北縣永和市中正路五九五號七樓之三
　　　　　　電話：02-2923-1455／傳眞：02-2923-1452
電子信箱　sut81518@ms59.hinet.net
初　　　版　2010 年 9 月
定　　　價　四編 35 冊（精裝）新台幣 55,000 元

明代的告示榜文
——訊息傳播與社會互動（下）

連啟元　著

目

次

上 冊

第一章　緒　論 ………………………………………………… 1

第二章　告示榜文的來源對象 ………………………………… 21

　第一節　歷代告示榜文的源流 ……………………………… 22

　　一、先秦至魏晉時期 ………………………………………… 22

　　二、隋唐時期的發展 ………………………………………… 26

　　三、宋元時期的發展 ………………………………………… 30

　第二節　告示榜文的內容來源 ……………………………… 36

　　一、聖旨詔書 ………………………………………………… 36

　　二、人事陞黜 ………………………………………………… 44

　　三、懲處禁令 ………………………………………………… 47

　第三節　告示榜文的榜諭對象 ……………………………… 53

　　一、宗室勛戚 ………………………………………………… 53

　　二、文武官吏 ………………………………………………… 57

　　三、平民百姓 ………………………………………………… 61

第三章　告示榜文的製作形式 ………………………………… 71

　第一節　製作形式 …………………………………………… 71

　　一、手抄謄寫 ………………………………………………… 71

　　二、雕版印刷 ………………………………………………… 74

第二節　圖文並用 ……………………………………… 79
　　一、文字敘述 ………………………………………… 79
　　二、圖形表述 ………………………………………… 85
第三節　文告格式 ……………………………………… 89
　　一、常見格式 ………………………………………… 89
　　二、文字語氣 ………………………………………… 93
第四節　告示載體 ……………………………………… 99
　　一、紙　張 …………………………………………… 99
　　二、刻　石 ………………………………………… 104
　　三、木　版 ………………………………………… 112
　　四、鐫　鐵 ………………………………………… 115

第四章　告示榜文的刊布場所 ……………………… 119
第一節　官方行政機構 ……………………………… 119
　　一、京師皇城 ……………………………………… 119
　　二、官署衙門 ……………………………………… 123
　　三、學校機關 ……………………………………… 132
　　四、軍事要地 ……………………………………… 136
第二節　地方鄉村鄰里 ……………………………… 139
　　一、寺廟道觀 ……………………………………… 139
　　二、民家門前 ……………………………………… 146
　　三、山林禁區 ……………………………………… 149
第三節　商業貿易地區 ……………………………… 153
　　一、市　鎮 ………………………………………… 153
　　二、倉　場 ………………………………………… 159
　　三、鈔　關 ………………………………………… 163
第四節　水陸交通要道 ……………………………… 166
　　一、關　隘 ………………………………………… 166
　　二、驛　遞 ………………………………………… 170
　　三、港　口 ………………………………………… 172

下　冊
第五章　告示榜文的作用類型 ……………………… 179
第一節　推行地方政務 ……………………………… 180
　　一、告諭當前的政令 ……………………………… 180
　　二、官員蒞任與巡察 ……………………………… 186

　　　　三、突發事故的應變 ·················· 193
　　第二節　端正社會風氣 ·················· 197
　　　　一、申明綱常禮法 ·················· 197
　　　　二、禁革惡俗習慣 ·················· 203
　　　　三、獎勵學術活動 ·················· 207
　　第三節　維護社會秩序 ·················· 212
　　　　一、撫盜安民──招撫曉諭的施行 ······ 212
　　　　二、緝捕盜賊──捕盜告示的發佈 ······ 218
　　第四節　傳遞戰訊軍情 ·················· 226
　　　　一、示警備禦──察探敵情與防諜 ······ 226
　　　　二、誘敵召降──告示宣傳的攻防 ······ 231
　　第五節　特殊政治宣傳 ·················· 238
　　　　一、檄文的內容訴求 ················ 238
　　　　二、檄文的功效影響 ················ 243
第六章　告示榜文的功能評議 ·············· 247
　　第一節　告示榜文的法律效力 ············ 247
　　　　一、告示發佈的法律效力 ············ 247
　　　　二、告示榜文的效力範圍 ············ 252
　　第二節　告示榜文的發佈程序 ············ 259
　　　　一、告示發佈的正當程序 ············ 259
　　　　二、不當程序的榜文發佈 ············ 270
　　第三節　告示榜文的施行期限 ············ 272
　　　　一、施行期限的意涵 ················ 272
　　　　二、施行期限的類別 ················ 274
　　第四節　告示榜文的實施阻礙 ············ 279
　　　　一、告示內容的適當性 ·············· 279
　　　　二、告示內容的公平性 ·············· 285
　　　　三、告示施行的成效性 ·············· 286
第七章　結　論 ·························· 291
徵引書目 ······························ 297
附　圖
　　圖 2-1：萬曆初期聖旨詔書 ·············· 40
　　圖 2-2：頒降聖旨招安圖 ················ 43
　　圖 2-3：百姓觀看告示榜文圖 ············ 68

圖 3-1：雕版印刷工人圖 ………………………………… 76
圖 3-2：萬壽寺禁諭碑圖 ………………………………… 92
圖 4-1：明代生員臥碑圖 ………………………………… 134
圖 4-2：明代初期的徵兵令 ……………………………… 139
圖 4-3：曉關舟擠圖 ……………………………………… 169
圖 4-4：北直隸地區驛路圖 ……………………………… 171
圖 4-5：易州龍灣二廠榜示碑圖 ………………………… 176
圖 5-1：洪武四年徽州府祁門縣戶帖 …………………… 186
圖 5-2：州縣官巡察地方情形圖 ………………………… 189
圖 5-3：科舉放榜圖 ……………………………………… 210
圖 5-4：明人眼中進士及第的風光形象 ………………… 212
圖 5-5：萬曆時期吳縣緝捕批文 ………………………… 224
圖 5-6：群盜圍觀告示圖 ………………………………… 226
圖 6-1：維揚鈔關查緝私茶告示發佈範圍 ……………… 254
圖 6-2：南直隸揚州府位置圖 …………………………… 255
圖 6-3：明代地方官府發佈告示榜文程序圖 …………… 268

附 表

表 2-1：宋靖康年間（1126～1127）出示榜文一覽表…… 33
表 2-2：明代頒降聖旨榜文招撫平叛事例表 …………… 41
表 3-1：明代所見官方用紙價目表 ……………………… 102
表 3-2：明代官方禁約碑知見表 ………………………… 107
表 3-3：明代鐵券式樣規格表 …………………………… 116
表 4-1：江西地區榜房設置情形表 ……………………… 128
表 4-2：明代皇陵禁令條例表 …………………………… 152
表 4-3：明律有關偽造寶鈔、銅幣、金銀之刑責比較
　　　 表………………………………………………… 155
表 4-4：明末鈔關定額變動表 …………………………… 165
表 5-1：福建布政司官署火災所發佈的相關行政命令
　　　 表………………………………………………… 194
表 5-2：永樂十年（1412）會試程序表 ………………… 211
表 5-3：明代檄文發佈知見表 …………………………… 245
表 6-1：應天府巡撫告示（1640～1641）發佈範圍一
　　　 覽表……………………………………………… 256
表 6-2：《吏文》所見明代告示榜文發佈衙門表 ……… 260
表 6-3：《吏文》所見榜文內容類型表 ………………… 262
表 6-4：南直隸太和縣官方告示傳播效率表 …………… 290

第五章　告示榜文的作用類型

　　地方官員對境內百姓布達政令或禁約，多以告示的形式加以刊布，其目的在於公開宣達前政令，務使所屬軍民知曉並加以推行。地方官對於歷來朝廷所頒降的制書與榜文，需於清查後加以妥善收貯，在傳達行政命令、巡行或移駐地方，皆須發佈告示榜文，以免百姓遭到無謂的驚擾；而在遭逢突發事變，透過官方告示的發佈與應變能力，更能在最快時間之內妥善處置與善後。

　　對地方官而言，在治理地方政務之中，端正社會風氣是極為重要的施政項目，無論是申明禮教、維護綱常、移風易俗等，經由告示榜文的政治力量加以禁約規範，甚至結合地方鄉里、宗族等力量，以維持禮教綱常。官僚或士大夫在爭辯禮制維護之時，都試圖透過朝廷或官府告示榜文之發佈，使其言論取得政權的合理與合法性，藉由言論所代表的權威性，遏止社會不良風氣之蔓延。在變易風俗的同時，提振教育則是重要的施政措施，透過獎勵學術，提昇地方教育的品質，將中舉士人的榮耀送歸鄉里、豎立進士題名碑等舉動，不僅刺激地方鄉里的讀書士氣，更藉由讀書風氣的提昇，間接地轉化社會風氣。

　　對於地方秩序的維護，無論是緝捕或弭平盜賊，多以發佈官方告示作為傳遞訊息的方式，官府在面對地方動亂的處置時，往往採取招撫誘降的手段，以避免無謂的軍事與經濟損失。雖然官府的招撫告示，代表著權力的賦予與象徵，但視雙方誠信、決策者立場的改變，都是影響招撫政策執行的成功性。不過就兵家謀略觀點而言，善用威勢、利誘等手段，以分化盜賊之團結意識，則是而有利於弭平亂事，迅速恢復地方秩序的積極作用。

第一節　推行地方政務

一、告諭當前的政令

　　告示、禁諭，是地方官員對境內百姓布達政令或戒律的公文。告示意在公開，宣達當前政令並加以推行，而禁諭則多含有警誡與禁止之語氣，務使人知曉，所以影響傳播之層面較廣。明太祖所頒訂的《到任須知》，主要是規範官員初次到任的相關法令與施政綱領，可謂爲官之要，所列應辦理之事務共三十一款內，其中「制書榜文」規定相關開列細節：

> 節次聖旨制書及奉旨榜文諭官民者若干，曾無存者若干，各開爲官
> 之道，政治禁令所當先知。須考求節次所奉聖旨制書及奉旨意，出
> 給榜文，曉諭官民事件，逐一考究，講解立法旨意，已未施行，中
> 間或有損缺不存者，須要採訪抄寫，如法收貯，永爲遵守。〔註1〕

首先必須將清查歷來朝廷所頒降的制書與榜文，並加以妥善收貯，其中若有殘缺破損者，需加以抄寫謄補然後收藏。因此，明初致力於澄清吏治，對於最基層的州縣官職，常以敕命厚賜勵其廉恥，故天下多廉能正直之府州縣官〔註2〕。永樂時期所更定的《到任須知》，對於制書榜文的查覈更爲仔細，凡新官到任，所屬禮房司吏需開列制書榜文：現存幾道，爲某事某年某月某日；損壞共幾道一道，爲某事某年某月某日〔註3〕，以便詳實記錄備存，同時可看出朝廷對榜文的頒降與收貯之重視。

　　除了朝廷中央所頒行的《到任須知》之外，地方府州縣官或重申舊例、或制訂新法，同樣發佈行政命令要求所屬百姓遵守。如浙江溫州知府文林（1445～1499）發佈榜文禁約十九條，即重申《教民榜文》內容，並前往各處張掛，將民間戶婚、田土、鬥毆等事宜，委由地方老人里甲處理，情事嚴重者，方許赴官陳告〔註4〕。對於此種新官蒞任所必須藉由告示型式，以作爲

〔註1〕《大明會典》，卷九〈吏部八‧關給須知〉，頁6下～7上。

〔註2〕《明史》，卷七十五〈職官志〉，頁1851：「洪武元年徵天下賢才爲府州縣職，敕命厚賜，以勵其廉恥，又敕諭之至於再。三十七年定府州縣條例八事，頒示天下，永爲遵守。是時，天下府州縣官廉能正直者，必遣行人齎敕往勞，增秩賜金。」詳見：吳智和，〈明代的縣令〉，《明史研究專刊》第七期，1984年6月。

〔註3〕《大明會典》，卷九〈吏部八‧關給須知〉，頁35下～36上。

〔註4〕明‧文林，《文溫州集》，《四庫全書存目叢書》集部四十冊（臺南：莊嚴文化事業有限公司，1997年6月初版，據明刻本景印），卷七〈溫州府約束詞訟榜

發佈行政命令的程序，也同樣被清朝所沿襲並保存下來。〔註5〕

官府對於地方施政的推動，涉及層面甚為廣泛，舉凡賦役、聽訟、保甲、緝捕等，無一不是施政範圍，透過官方告示的傳遞，更能有效達成目的。南直隸蘇州府所轄長洲等縣，往來官吏商民無數，道路多以橋樑相互聯結，其中牽拖扛抬貨物者，往往於黑夜或風雨之中行走，以致失足跌落，因此蘇州府特頒佈〈修理橋樑示〉，要求橋樑附近鄰里嚴加看守，若有坍塌損壞隨即修理，並每月差遣舖長巡視，毋使遭人破壞〔註6〕，不僅確保往來商民的性命安全，更促進蘇州府所屬各縣交易活動的發達。

賦稅為國家經濟的來源，為確實掌握賦稅情形，必須建立一套完備的戶籍管理制度，明代即以黃冊制度來管理全國戶籍。黃冊制度的建立，是參考唐、宋的戶籍制度，並且受到元代戶籍制度的影響，然後加以改革與簡化〔註7〕。黃冊需於每十年編造一次，在攢造之時朝廷將該遵行之事例，刊印成榜文圖冊式樣，頒佈至全國各府州縣翻刻，然後轉發所屬鄉鎮張掛，以便官吏、里甲依式攢造。此種刊布榜文通行各地攢造黃冊的方式，仍沿用至萬曆時期（1573～1620）：

> 戶部署部事左侍郎李汝華題，萬曆四十年又該天下大造黃冊之期，
> 將浙江等右布政、左右叅政叅議，內擇其年資尚淺，才望夙著者，
> 每省一員并南北直隸巡撫都御史疏名上，請咨移文翰林院撰給，勅
> 命督理冊務；咨都察院轉行各巡按御史會同兩直隸巡撫，選委各
> 府州廉能官員督造，仍將職名開報吏部并本部及後湖管冊科道知
> 會，通候事完，方准遷轉。原定冊式歷年或行事，宜照例刊刻榜
> 文，通行各省直，翻刊給散，所屬府州縣正官督同原委原役，依題

文〉，頁 4 下～9 上。

〔註5〕清・包世臣，《齊民四術》（北京：中華書局，2001 年 3 月第一版），卷四上〈禮一上・說保甲事宜〉，頁 137：「凡開印日，知縣首行勸戒告示，每里一張實貼，後粘單大書旌善、癉惡亭人名事蹟。旌善亭，書孝弟節義某名色，某保甲，某人某氏。」

〔註6〕《況太守治蘇集》，卷十三〈修理橋樑示〉，頁 10 下～11 上。

〔註7〕關於明代黃冊制度的形成經過，首先於洪武元年（1368）試行均工夫圖冊，繼而於洪武三年（1370）改行戶帖制度，最後於洪武十四年（1381）確立以黃冊制度作為管理戶籍之制度。韋慶遠，《明代黃冊研究》（北京：中華書局，1961 年 12 月第一版），頁 13～22；欒成顯，《明代黃冊研究》（北京：中國社會科學出版社，1998 年 7 月第一版）。

准事例，將戶口、田糧等項，逐都逐里清查明確，具呈撫按。務要
堅白紙張，如式攢造完備，依限解南京戶部水庫廳後湖管冊官磨對
稽核。〔註8〕

黃冊的確實攢造與否，關係著賦稅制度的公平性，將圖冊式樣刊印成榜文告
示，然後轉發張貼至全國各地，不僅能傳達編造黃冊的政令，同時也能減少
因攢造時所造成的錯誤與疏失。

明代賦役制度在稅糧方面，依照田地額數課徵，並分為夏稅、秋糧兩種，
而徵收稅目繁多且各朝略有差異，其中夏稅以麥為主，秋糧以米為主，兩項
稅物數量所佔比例最高。稅糧是供給朝廷財政收支的主要來源，同時也是地
方收入的來源之一，若是百姓逋欠稅糧嚴重，不免影響地方政務的運作，官
府有時便以張貼告示的方式，催繳百姓所逋欠的錢糧：

小民終歲勤動，地之所出，止此幾石幾斗。自逋欠日久，故一當催
徵，今日張一示，比崇禎元年錢糧；明日張一示，比天啓七年錢糧；
後日張一示，比天啓六年錢糧；層累而上之，而民之耳目亂，手足
忙，心計亦惶惶靡定。將完舊乎，則恐徵新者之敲比也；將完新乎，
則恐徵舊者之敲比也。〔註9〕

事實上百姓終日辛勞所得不多，即使逐年催徵亦難以完納欠缺之數，瞿式耜
（1590～1650）則站在農民辛勤的立場，認為所逋欠既無力完納，若仍舊溯
及既往，即使屢發官府告示催徵，仍於事無補。即使良民努力想完納逋欠之
錢糧，但所欠仍多，依舊難逃官吏的敲剝；而頑民則料定無法補足逋欠，遂
任憑拖欠，甚至逃匿無蹤，無論如何都造成稅糧的徵收困難。綜觀明代整體
賦稅情形，以江南地區所負擔之賦稅最重，因此在逋欠稅糧的也較為嚴重，
為解決龐大逋賦現象，朝廷一則透過詔令調整徵收稅率與蠲免稅糧，一則遣
官督理整頓，解決當地賦役制度的經濟問題，藉以舒緩民困，並確保農業生
產之安定。〔註10〕

地方若遇到天變災荒，朝廷有時會體恤受災百姓，而下詔蠲免賦稅錢
糧，以減輕其生計壓力，明代朝廷對於地方賦稅蠲免，可分為恩蠲、災蠲兩

〔註8〕 《明神宗實錄》，卷四八五，頁5下，萬曆三十九年七月乙卯條。
〔註9〕 明・瞿式耜，《瞿式耜集》（上海：上海古籍出版社，1981年11月第一版），
卷一〈清苛政疏〉，頁39。
〔註10〕 郁維明，《明代周忱對江南地區經濟社會的改革》（臺北：臺灣商務印書館，
1990年5月初版），頁31～39。

種〔註11〕。然而蠲免政令雖然發佈，但地方官府未能確切實行，致使政令無法下達，百姓多不能受惠，因此官府在接到朝廷降飭的蠲免政令，必須隨即刊布告示榜文，務使百姓周知。《明律》規定凡地方遭遇水和災荒之時，官府需詳細踏勘，然後奏報上司，以便朝廷裁決蠲免錢糧與否，為免奏報災情稽遲誤期，造成百姓已先行典賣家產運送到倉，文移往來之間，徒增困擾，遂於嘉靖六年（1527）二月詔令官府在地方重大災傷後，於踏勘災情之際，同時張貼告示曉諭百姓，暫時先停止徵收稅糧，待朝廷公文到後再予以施行。〔註12〕

　　除官府於災荒之際，出示掛榜通知蠲免之外，對於蠲免之政令是否確實被執行？當地百姓是否受惠？地方有司是否有趁機加派或侵吞？有時朝廷則會遣派官員巡行考察。崇禎十七年（1644）二月，鑑於漕糧解運中斷，而地方飽受兵燹，民生凋蔽未甦，崇禎帝特選派乾清宮管事王坤，會同科道官韓如愈、馬嘉植、辜朝薦等人，至曾經下詔蠲免的地方，大張榜示告諭百姓，嚴加查訪當地百姓是否確實蠲免錢糧，如有不實或加派等貪墨情形，皆拏問重究〔註13〕。此外，皇帝即位後所頒佈之恩赦詔內，也會有「恩蠲」的措施，甚至還需刊刻成冊，交予里甲以便宣導鄉民知悉。如崇禎十七年（1644）五月，弘光帝即位時頒佈的國政二十五款，內即有恩蠲之條款：

　　　一、恩赦以登極為準。詔到日，各撫按星速頒行各郡縣，務令掛榜
　　　通知，仍刊刻成冊，里甲人給一本。如官胥猾吏匿，隱虛情支飾以
　　　圖侵盜，詔差官同巡按御史訪明究問。〔註14〕

對於官吏的隱蔽侵漁，江西南昌府豐城知縣李開先也認為：「奸胥侵漁，任其影射，重累百姓，一遇赦除，則百姓不沾，奸胥飽腹，雖計部參罰，司牧降謫，猶不能窮，蓋頭緒多端。」〔註15〕所以為解決頭緒多端的問題，朝廷明令規定，地方官府在接到朝廷所降發的蠲免政令後，必須隨即刊布告示榜文，

〔註11〕《明史》，卷七十八〈食貨志二〉，頁1908：「至若賦稅蠲免，有恩蠲，有災蠲。太祖之訓，凡四方水旱輒免稅，豐歲無災傷，亦擇地瘠民貧者優免之。凡歲災，盡蠲二稅，且貸以米，甚者賜米布若鈔。」

〔註12〕《明代律例彙編》，卷五〈戶律二‧田宅‧檢踏災傷錢糧〉，頁482〜483。（引嘉靖新例）

〔註13〕《崇禎長編》，卷二，頁104。

〔註14〕清‧計六奇，《明季南略》（北京：中華書局，1984年12月第一版），卷一〈國政二十五欵〉，頁14。

〔註15〕《國榷》，卷九十七，崇禎十四年十一月辛卯條，頁5910。

並確切執行減免地方賦稅的工作，且不得藉此侵佔錢糧；必要時，朝廷還會派遣撫按等官，查訪地方官之施行成效。

對於地方官府執行朝廷所交付的行政命令與否，除了考量到是否讓當地百姓確實受惠，另外則是藉由告示曉諭百姓，昭示朝廷對於地方政務的關注。如同黃克纘在〈遵行旨議稅額減過臨清六郡商稅疏〉提到，朝廷既然在臨清等六郡地方減量稅額三千四百餘兩，即應當由地方官刊布告示，使所屬商民知悉此舉不但是減商賈之稅而已，百姓亦受減稅之恩澤〔註 16〕。因此所謂的「遍示小民，使知皇上此番恩澤」，顯示皇恩浩蕩的政治目的，更是朝廷或地方官府出示文告的主要理由之一。

對於地方官而言，等待朝廷所頒發之蠲免命令，畢竟屬於較為消極且耗時的措施，官府在面對災荒之時，首要在於「平穩糧價」與「糧食賑濟」兩方面。在平穩糧價方面，因為水旱災荒過後，物價升值波動最大，為遏止不肖商人趁機哄抬物價，此時平穩物價便是官員施政的當務之急。婺源縣萬知縣，因當地災荒剛過，欲向外地購買米糧運往婺源縣以平穩物價，然因所需資金巨大，遂向鄉紳富戶借貸資金，乃刊布告示曉諭禍福，勸以賑濟災民或以無息借貸之，凡鄉紳遵行用命者則榜其門曰「尚義」，不遵行者則榜其門曰「不義」〔註 17〕，冀望透過鄉里組織的力量與道德勸說，藉以解決災荒問題。然而鄉紳富戶未必遵行官府之勸導，而拒絕賑濟災民，有時看在災民眼中，此等鄉紳既屬為富不仁，若經有心者鼓動，復以耳語訛傳，遂易釀成劫奪富戶的情形〔註 18〕。此外，在糧食賑濟方面，煮粥賑濟飢民是常見的政策。如電城縣被盜賊所破，公帑貯藏與積粟皆被火焚毀，因此案行典史王策攜帶官府告示，曉諭各里地方殷實人家，出米以賑濟飢民，另委派官員於各城門煮粥，以解災民一時之急。〔註 19〕

事實上傳統社會的糧食供給，經常受到自然因素而造成供應上之短缺，

〔註 16〕 明・黃克纘，《數馬集》，《四庫禁燬書叢刊》集部一八〇冊（北京：北京出版社，2000 年 1 月第一版，據清刻本景印），卷四〈遵行旨議稅額減過臨清六郡商稅疏〉，頁 8 下。

〔註 17〕 明・汪道昆，《太函集》，《四庫全書存目叢書》集部一一八冊（臺南：莊嚴文化事業，1997 年 6 月初版，據北京大學圖書館藏明萬曆刻本景印），卷六十五〈婺源縣萬令君生祠碑〉，頁 21 上～下。

〔註 18〕 明・范濂，《雲間據目鈔》，《筆記小說大觀》二十二編五冊（臺北：新興書局，1978 年 9 月初版），卷三〈記祥異〉，頁 8 上。

〔註 19〕 《兵政紀略》，卷二十六〈嶺西旬旦・捐廩煮粥以救民饑示〉，頁 3 下～4 下。

由於因爲受到生存威脅及預期心態的影響，百姓情緒處於極度不安穩的狀態，極易引起集體抗爭的行爲。這種因災荒或歉收引起糧食的短缺，所引發的抗爭行爲，遠因是由於糧價之昂貴，近因則是糧食囤積與官府政策處置不當，並且受到季節與糧價波動而有所差異。〔註20〕

至於賦稅制度不均與差異性，都會使民眾認爲所繳納的稅糧過於嚴苛，同時也可能受到他人鼓動，進而形成群體意識的凝聚，此時官府若未能適時的諒解與處理，則會產生拒繳稅糧的情形。況鍾（1384～1442）治理蘇州府時，由於地方鄉民受到糧長的鼓動，屢次拖欠稅糧，爲此況鍾特地發佈〈榜令抗官強民自首示〉，以期弭平紛爭：

> 又有八保九區正副糧長任敬等，連年不服約喚，拖欠四年秋糧夏稅、布絹草束，累勾不行縣，無憑追徵，備申到府，欲行別議。中間恐枉良善，尤恐各縣亦有此等之徒，姑且出榜，諭以禍福，榜文到日，限十日以內許令悔過，出官催辦所欠錢糧。被提之人亦許令自首，起解問理與豁免前罪，敢有仍前抗拒，……以憑奏聞，擒挐滅籍，須至榜示者。〔註21〕

糧長的產生多是由鄉里所僉派輪充，主要負擔催徵稅糧的工作，但有時卻可憑藉與官府的關係，在催徵、解運的正常職務外，兼有訴訟、仲裁等職權，在地方鄉里具有相當影響力〔註22〕。明初即發生數起糧長欺壓、侵吞錢糧的情形，劉六、劉七更是以糧長的身份聚眾爲亂，因此面對地方糧長的蓄意鼓譟煽動，所引起拒繳稅糧的抗官爭端，官府處置若稍有不當，往往引發民心騷動，甚至釀成聚眾暴動。

爲了爭取自身利益，並抑制政府的需索，集體抗稅在初期通常是較爲溫和的行動，首先會推選代表前往官府陳情訴願，表達抗議當前徵稅的爭議，並期望官員能予以適度修正或協商；一旦官員未依照民眾的期望時，就會進入小規模的抗爭行動。官府的驅散與逮捕肇事者，更招致大規模的暴力行動，

〔註20〕 巫仁恕，《明清城市民變研究：傳統中國城市群眾集體行動之分析》（臺北：臺灣大學歷史學研究所博士論文，1995 年 6 月），頁 69～93。糧食暴動的類型大致可分爲：(1)聚眾鬧賑災；(2)要求開倉平糶；(3)搶糧暴動；(4)阻米遏糴。除第三類是集體暴動外，其餘則是透過罷市抗爭、請願等方式以達到目的，屬於集體行動的範疇。

〔註21〕 《況太守治蘇集》，卷十二〈榜令抗官強民自首示〉，頁 5 上～下。

〔註22〕 梁方仲，《明代糧長制度》（上海：上海人民出版社，2001 年 7 月第二版），頁 29～50。

攻擊官員或衙門，直接向官方的統治挑戰〔註 23〕。因此，爲了解決因抗稅所可能引起的後續問題，官府在事先必須傾聽民眾需求，然後細心觀察民眾反應，並利用告示榜文發佈適當的行政命令，以便穩定社會秩序。

圖 5-1：洪武四年徽州府祁門縣戶帖

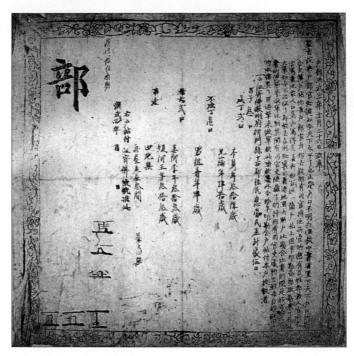

資料說明：原件典藏中國社會科學院歷史研究所圖書館，原件長寬各 36 公分，厚麻紙，聖旨部分雕板墨印，內容以正楷書寫。戶帖，又稱戶口勘合帖、官帖，爲明初黃冊制度推行之前，所施行的戶籍管理制度，同時也是一般百姓的身份證明，與應差服役、交納賦稅的憑據。

二、官員蒞任與巡察

　　明代新任地方官赴任時，需遣人報知禮房吏告示官屬及父老人等，相率出城來迎接，並告謁神祇、齋宿之後，方由地方父老人等導引入城〔註 24〕。

〔註 23〕 《轉變的中國——歷史變遷與歐洲經驗的局限》，頁 216～223。集體抗稅的意識凝聚與行動，與當地是否有喜好訴訟的傳統、發達的士紳網絡、秘密會社組織等因素有關，這些都影響到如何號召、動員並組織民眾參與抗稅行動。同時，抗稅行動發生的多寡與規模，也反映出官府對於地方統治的權力擴張與否。

〔註 24〕 《大明會典》，卷五十九〈禮部十七·官員禮〉，頁 7 下。

新官蒞任之初，除需遵照洪武、永樂時期所頒訂的《到任須知》，以便執行相關施政綱領之外，通常還會發佈告示，申明施政方針與理念。郭子章（1542～1618）新任蒞臨廣東潮州府，隨即申明法令、宣揚教化，特作整飭吏民七教、十議等條約，並以告示的型式刊布，曉諭百姓知悉〔註25〕。而李陳玉於浙江嘉興府平湖縣到任之初，不僅隨即張貼告示曉諭地方百姓，更在文告之中陳述其施政理念：

> 爲安撫百姓事。照得當湖爲海內名區，官茲土者皆得展布四體，優擢而去，同人相逢，無不嘖羨，匪獨風水之盛，蓋緣民情淳厚，善化易使。……（本縣）苟可以爲爾百姓致力者，髮膚何愛，除大利大害，請教縉紳長者外，其餘有疾苦必爲稍豁，有冤抑必爲求理法，則不可犯者必嚴情，無不可訴，訴者必伸。總在此邦一日，則盡一日之職守，若或可及一人，便了一人之願心。目今所最急者錢糧，敢不於催科寓撫字，最宜緩者詞牒，竊欲以無訟勸靡爭，衙盡邑豪，本縣徵惣決不敢後。孝子悌弟，百姓和睦，尤宜相先，但願解仇平情，急公完賦，使隸不追呼，官無鞭扑，本縣之幸，百姓之福。〔註26〕

從這篇平湖縣令到任告示內容可知，李陳玉首先褒揚當地風俗淳厚、人傑地靈，然後陳述賦役、旌善、恤孤、聽訟等施政願景，並申明到任之後需以催徵錢糧爲首要職務，訴訟則暫且緩置，以期鄉里和睦，可見大體仍遵照明初《到任須知》所規範的施政要點。〔註27〕

　　雖然新官履任，以其初來乍到，大抵需出以告示，展現其施政之方針與決心，然而有些官員卻是藉由告示之刊布，炫耀並提高官威聲勢而已。天啓四年（1624），禮科給事中劉懋認爲：「每見新官到任，騁材逞能，先出告示

〔註25〕明・郭子章，《蠔衣生粵草》，《四庫全書存目叢書》集部一五四冊（臺南：莊嚴文化公司，1997年7月初版，據明萬曆十八年周應鰲刻本景印），卷九〈公移〉，頁1上。

〔註26〕明・李陳玉，《退思堂集》（臺北：漢學資料中心景照明崇禎年間刊本），卷一〈文告・署平湖到任示〉，頁73下～75下。

〔註27〕關於明代地方州縣官的施政要點，根據《明史・刑法志》列有賦役、養老、祀神、貢士、讀法、旌善、恤孤、聽訟、保甲、緝捕等十餘項，而《到任須知》則條列繁瑣，列舉地方官應辦理事務達三十一款之多，大體主要以錢穀刑名爲要事，由於錢穀刑名是地方政務之中，迅速且較易見到功效之事務，因此地方官施政時多偏重於此，以便有助於官職的考核晉升。詳見：《明代州縣政治體制研究》，頁205～216。

幾張，嗣出詞狀幾紙，矯說仁言，虛立清名，迨四五日後，本色立見，塗面喪心，大肆貪求。」〔註28〕謝肇淛（1549～1613）曾任地方知縣，以參與地方政務的實際經驗，認爲新官履任發佈告示是極爲普遍的情形，但官府刊布告示應是禁約境內所屬官民的相關規定，然而官員動輒朝令夕改或明知故犯，不免使百姓心生疑慮，勢必難以服眾，更遑論政令之推行：

> 上官蒞任之初，必有一番禁諭，謂之通行。大率胥曹勤襲舊套以欺官，而官假意振刷以欺百姓耳。至于苞苴有禁，餽送有禁，關結有禁，私訐有禁，常例有禁，送迎有禁，華靡有禁，左右人役需索有禁，然皆自禁而自犯之，朝令之而夕更之，上焉者何以表率庶職，下焉者何以令庶民也？〔註29〕

因此新官履任的告示發佈，應當視情況斟酌而定，不得隨意擅加變改，尤宜躬親遵行不悖，否則僅是流於因襲舊套，虛應故事而已。所以施政者心中所抱持的態度如何，關係著政令推動的功效。因此官府刊布的告示若是過多，內容多流於因襲故套，不僅在政策制訂上顯得沒有連慣性、一致性，朝令夕改更使百姓無所適從，未必有利於政令推行，反映出官方告示過與不及的相互矛盾。

除新官蒞任、推行地方政務之際，會出示榜文曉諭百姓之外，有時官員巡行視察地方時，也會出示榜文告知地方鄉里，以免驚擾地方安寧。尹昌隆在巡按浙江曉諭的榜文內容上，即提到受命巡察地方的原因及地方需配合等相關事務：

> 皇上（永樂）繼統之初，人心蹈溺，誕布洪恩，大赦天下，舊染污俗，咸與維新。又憂淑慝不分則人無廉恥，黜陟不行則下無勸懲，於是特勅各布政司、按察司公同考核所屬有司，果有公勤廉幹、貪污闒茸，具實來奏，以憑黜陟。邇因建文元年百官來朝，稱職者賞之勞之，不才者廢之罪之，信賞必罰，深愜輿情。載勞聖心頒賜勅諭，示以安危禍福之機，復降德音曉以發政施仁之要，凡事有益於民者，無所不用其心，期在仁義立而廉恥興，教化行而風俗

〔註28〕 明・張萱，《西園聞見錄》，《明代傳記叢刊》（臺北：明文書局，1991 年 1 月初版，據民國二十七年北平哈佛燕京學社排印本景印），卷九十七〈恤民・前言〉，頁 20 下。

〔註29〕 明・謝肇淛，《五雜組》（臺北：新興書局，1971 年 5 月，據明萬曆戊申年刻本景印），卷十四〈事部二〉，頁 3 上。

美。……除暗行訪察外，仰所在軍民人等，但有官吏貪贓壞法、賣
富差貧、顛倒是非，使冤不得伸，枉不能直，便指陳實迹，赴院陳
告，以憑拿問。〔註30〕

尹昌隆此次巡察地方的目的，主要在於考核地方屬官的施政情形，順道查訪
地方治理情形，是否有冤抑、積弊之事，以作爲黜陟之依據，並提振官吏風
氣。可見此榜文出示之目的，一方面在說明官員巡視地方之緣由，並告諭地
方百姓勿須驚恐；另一方面更是藉此告知所屬地方百姓，若懷有冤屈之事，
可以趁此機會申訴辨明。

圖 5-2：州縣官巡察地方情形圖

資料說明：取自《安南來威圖卷》，說明地方州縣官官員到任或巡察地方時，里長、甲首前往
　　　　　迎接拜見的情形。

〔註30〕明·尹昌隆，《尹訥菴先生遺稿》，《四庫全書存目叢書》集部二十六冊（臺南：
　　　　莊嚴文化公司，1997 年 7 月初版，據明萬曆刻本景印），卷一〈巡按湔江曉諭
　　　　榜文〉，頁 10 上～11 上。

　　一般而言，官員出巡往往護衛成群，不僅在保護官員之生命安全，同時也在顯示官威尊榮，不過部分愛民之官，有時僅數位僮僕、差役隨行，甚至隻身赴任，以避免過度擾民。成化十二年（1476），以雲南遠在萬里之外，西控諸夷，南接交趾，而鎮守中官錢能貪恣無度，議遣大臣有威望者爲巡撫鎮壓之，遂授命王恕（1416～1508）巡撫雲南，而王恕赴任時隨行不帶僮僕，僅隻身單獨前往，凡有一切餽贈皆不收受，沿途又恐打擾民家，遂張貼告云：「欲攜家僮隨行，恐致子民嗟怨，是以不恤衰老，單身自來。意在潔己奉公，豈肯縱人壞事」，當地百姓皆感佩其德行清高，錄其辭而焚香禮拜〔註31〕。王恕個性素以清廉剛直著稱，並勇於任事，不畏強權，時謠曾稱讚曰：「兩京十二部，獨有一王恕」〔註32〕，從赴任不帶僮僕擾民的告示內容之中，更可見其德行清高。因此，在其出任雲南巡撫期間，當時鎮守太監錢能雖貪恣枉法，但對王恕仍頗多忌憚。〔註33〕

　　相對於官員的視察地方，皇帝的出巡更是格外愼重，主要目的爲巡歷地方、考察風土民情、遊行較獵，明代皇帝曾經巡幸地方的有太祖、成祖、武宗、世宗，其中唯獨武宗貪好游獵，動輒擅離京師〔註34〕。出巡時需經由禮部出示榜文，告諭所經過之地方州縣。武宗南巡之前，禮部儀制清吏司王希旦奏請先行刊布聖旨榜文，「命下咨行本官帶領司屬二員，除先期查整一應禮儀外，仍賫執榜文五十餘道，先於經該地方市鎮去處張掛曉諭，併會同撫按官，面諭官屬毋得擅擬科差」，以免造成地方上的驚疑〔註35〕。武宗於正德十四年（1519）三月南行巡狩，即出給榜文沿途張掛，以便曉諭各地衙門與百姓：

　　　　司禮監太監李英傳奉聖旨說與該部知道，即便轉行南北直隸、山東、

〔註31〕《玉堂叢語》，卷五〈廉介〉，頁166。
〔註32〕《明史》，卷一八二〈列傳·王恕〉，頁4834。
〔註33〕《四友齋叢說》，卷九〈史五〉，頁79：「王端毅（恕）巡撫雲南回，錢塘吳公誠代之。太監錢能遣都指揮吳亮迎宴於平夷。亮回，能問：『這巡撫比王某何如？』亮曰：『這巡撫十分敬重公公，與王某不同。』能微笑曰：『王某只不合與我作對頭，不然，這樣巡撫只好與他提草鞋。』」此段記載對話的內容或許未必完全眞實，但大致反映出錢能對王恕的剛直性格，仍懷有頗多忌憚之處。
〔註34〕明·王世貞，《弇山堂別集》（北京：中華書局，1985年12月第一版），卷六十六〈巡幸考〉，頁1231。
〔註35〕明·王希旦，《石谿文集》（臺北：臺灣學生書局，漢學中心影照本明天啓元年序刊本），卷一〈題請巡幸榜文疏〉，頁4下～5下。

河南鎮巡等衙門，并陸路水程沿途軍衛有司驛遞閘壩官吏軍民人等知會，朕今南行巡狩，但過地方如往來祖廟、獻新、京運、織造、漕運糧儲及官民船隻都著照舊通行，毋得因而阻擋。有誤供應國濟商販，有妨壯實京師，其往回船隻，亦要順幫讓路沿河居民，毋得驚動。各要安業生理，其隨侍人員務要安分本等，不許生事擾人，俱各遵守法度以安眾心。如有違犯罪不輕貸，便著出給榜文沿河張掛，曉諭眾人。故諭該衙門知道，欽此。〔註36〕

聖旨榜文轉行南、北直隸、山東、河南等衙門，並張掛於沿路與沿河居民，以安民心。嘉靖十八年（1539）二月，世宗巡幸地方，由留守大臣率領在京文武官員，吉服赴宣武門外送駕，沿途祭祀山川諸神以及帝王聖賢、忠臣烈士祠墓。並由各巡撫官預先出給榜文，曉諭經過去處，凡經過地方原有商賈、店舖，照常買賣交易，無須迴避，另告誡所在官司及巡幸隨從，不得要索勒買，生事擾民，違者許被害之人即時告官究問。〔註37〕

對於皇帝出巡行為，朝臣多持反對態度，雖然皇帝巡幸之榜文內容，皆會強調相關衙門與隨侍人等不得生事擾人，以免驚動沿途百姓，但實際上仍不免造成紛爭，況且一切供應所需、勞動夫役，直接轉嫁至百姓生活的負擔，齊之鸞即站在為百姓著想的立場，諫止武宗南巡〔註38〕。此外，錢琦（1469～1549）認為帝王巡遊天下是極不恰當，並援引英宗北狩之前車之鑑，說明帝王巡遊有四大可慮之處：一、帝王巡遊時百官車馬眾多，耗財擾民，易激發亂事；二、京師空懸，奸人竊奪，而釀成變亂或政變；三、京師近鄰北方邊境，帝王巡遊時易遭致北虜寇掠，或截斷北歸之路；四、捨棄京師嚴密防備，驟然巡遊，途中易遭突發事故。〔註39〕

除官員巡行視察地方，需要發佈告示榜文之外，官軍發動軍事行動、轉移駐節所在時，同樣要發佈告示榜文告知百姓，以免徒增驚擾。洪武十五年

〔註36〕 明・齊之鸞，《蓉川集》，《四庫全書存目叢書》集部六十七冊（臺南：莊嚴文化公司，1997年7月初版，據清康熙二十年悠然亭刻本景印），《歷官疏草》，〈諫止南巡疏〉，頁18上～下。

〔註37〕 《弇山堂別集》，卷六十六〈巡幸考〉，頁1247～1248。《禮部志稿》，卷十四〈儀制司職掌・巡狩〉，頁23上～下。

〔註38〕 《蓉川集》，《歷官疏草》，〈諫止南巡疏〉，頁19下～20上。

〔註39〕 明・錢琦，《錢臨江先生集》，《四庫全書存目叢書》集部六十四冊（臺南：莊嚴文化公司，1997年7月初版，據明萬曆三十二年錢薇刻本景印），卷七〈極諫巡遊疏〉，頁1上～4上。

（1382）十一月，朝廷欲出兵雲南，即詔令禮部於華蓋殿早朝欽奉聖旨，並將聖意備榜刊布至土官與百姓各家，另開列十三項條例於榜文之後，宜安分本業，勿生事端，以官方告示勸誘百姓反正來歸，以便有助於官軍軍事行動的勝利〔註40〕。盧象昇（1600～1638）爲剿平流寇率軍移防，即刊布告示通知地方百姓，一切生活作息照舊，毋須驚擾：

> 照得本院的於本月□日時，自鄖水驛起馬，前往竹山、竹谿、白河、洵陽等處，會集各鎮馬步官兵入山剿寇，合行飛檄知會。爲此，票仰經過衙門，及各該地方知悉：如遇大兵到彼，山民各安本業，不必驚避。官兵所過之處，秋毫有犯，立斬軍前。……至山中米糧草料缺乏，好義居民肯至軍前就糴，除照平價給銀外，仍一體敘賞。合行曉諭通知，須至飛票者。〔註41〕

在移駐官軍的同時，曉諭地方居民照常運糧販售，以平價給銀購買，確保軍需糧食供應之充足。另外，崇禎十三年（1640）應天巡撫黃希憲，奉旨移駐京口，同樣將告示張貼於軍營轅門之外，與移駐所在地京口驛，以便廣爲曉諭軍民：

> 軍門示，炤〔照〕得本院奉旨移鎮，暫駐京口，所有日逐供應蔬米，悉自行備辦，發銀見買，並不支取鋪行一物，隨即巡各員役，本院亦各給以行糧，著令自買食用。敢有借名賒取，強買物件者，明係假冒棍徒，許即指名呈告，以憑拿解，重究不貸。崇禎十四年九月二十六日出示轅門、京口驛前。〔註42〕

其告示內容除載明奉旨移駐京口，並嚴禁隨行差役與地方無賴，趁機假借官府名義，並賒取強買貨物，而騷擾地方安寧。由於官軍調動，軍士數量龐大，所過之處難免擾民，甚至有強奪資財者，朝廷即出示榜文於所過之處，以便戒諭將士，若有違犯者，領兵官員皆以軍法處治。〔註43〕

　　無論官員巡行或移駐地方，皆須發佈的告示榜文，其目的不僅在於顯示官威尊榮，重要是考量到地方秩序的維護，以免百姓在不知情的情況下，遭

〔註40〕明·張紞編，《雲南機務鈔黃》，《叢書集成新編》一二〇冊（臺北：新文豐出版社，1985年），頁9～15。

〔註41〕明·盧象昇，《盧象昇疏牘》（杭州：浙江古籍出版社，1985年2月第一版），卷三〈撫鄖公牘·親剿流寇〉，頁60。

〔註42〕《撫吳檄草》，卷一〈嚴禁約束告示·軍門示〉，頁55上。

〔註43〕《典故紀聞》，卷八，頁138。

到無謂驚擾，所以官府告示的內容，通常會載明出巡的緣由與相關細節，刊布於巡行所經過之處或移駐地方附近，以便曉諭百姓知悉，避免被不肖官吏人等趁冒充訛詐、勒索，徒增民怨。

三、突發事故的應變

告示榜文不僅用於告諭政令，若是遇到突發或特殊事件時，更能突顯出告示快速而有效率的傳播與應變功能。泰昌元年（1620）十一月初十日酉時，福建省會福州布政使司東廊失火，火勢延燒至各庫房，卷宗公文焚燬無數〔註44〕，布政使沈演（1566～1638）為因應突來之事件，遂緊急發佈數道牌文、告示，處置相關措施與善後工作（表5-1）。

布政使沈演所發出的公移文卷，雖然文末並未註明確實日期，所以無法依照先後順序排列，但若根據內容來看，公文發佈的時間應是在火災發生前後無疑。其發佈之相關行政命令中，屬於告示性質者為〈查收見在文卷稿〉、〈查應取文卷告示稿〉、〈十一日示〉三件、〈借給兵糧示〉、〈獎勵官軍告示〉等。公移卷宗遭火焚毀，對於官員而言是為重大事件，除申文奏報火災經過外，還需將焚毀之文卷開報列出，以便日後行文至各府縣，調閱相關卷宗然後抄寫補足，並張貼告示不得藏匿文卷，據〈查收見在文卷稿〉記載：

> 使司示，本司被火，各項喫緊卷宗有吏書搶出收藏者，有散亂撿拾成秩者，十尚存六七。除庫、工二房不毀，各照原存文卷數自開報，不得藉口隱匿外，其各房科通將見存文卷，付通吏查點開報，委官檢閱收藏，不得隱匿片紙。如有隱匿，許同役及一應人等首告給賞四兩，但首得實，不論有無挾仇爭缺情弊，一體給賞。本犯重責五十板，枷示革役，絕不輕貸。汝等各思保守前程，計安身家，無冒險取罪，後悔無及，特示。〔註45〕

〔註44〕 根據《止止齋集》記載，庚申年（泰昌元年，1620）十一月初布政司東廊大火，周圍五十步之內屋舍如經歷司、庫房等，皆遭到祝融肆虐，起因是由於前月福州地區的久旱不雨所引發。此次火災布政司損失頗為嚴重，根據《啟禎野乘》記載：「布政司火煆，金於煨盡，還庫金三十餘萬」，可見當時燒毀錢糧、簿冊無數，受創甚鉅。詳見：明・沈演，《止止齋集》（臺北：漢學資料中心景照明崇禎六年刊本），卷十六〈火志〉，頁12上～17上。清・鄒漪，《啟禎野乘》，《明代傳記叢刊》（臺北：明文書局，1991年1月初版，據民國二十七年北平哈佛燕京學社排印本景印），卷六〈沈尚書傳〉，頁6下。

〔註45〕 《止止齋集》，卷十九〈查收見在文卷稿〉，頁11上～下。

表 5-1：福建布政司官署火災所發佈的相關行政命令表

發 出 公 文	處 置 內 容	備 註
火災申文稿	呈報巡撫有關火災情形，與相關處置措施。	
盤庫完申文	布政使并左參議會同按察司，將各庫房錢糧逐一盤查造冊。	
盤出餘銀申文	布政使并分守道、按察司、各道等官，會同查驗錢糧造冊呈報。	
詳刻閩書稿	閩書焚於火災，布政司出銀補刻，以備呈覽。	
查收見在文卷稿*	清查並開報燒毀卷宗文件數量。	
查應取文卷告示稿*	清查並開報燒毀卷宗文件數量。	
行運府館取文卷牌	行文至各屬縣等機關，查閱並抄補文卷。	
又行運府館州牌	行文至各屬縣，抄補萬曆三十五年至今之文卷。	
行縣取卷牌	行文至各屬縣，要求抄補文卷進呈至司。	
十一日示*	行文官軍嚴守庫房，不得擅取官物，縱容他人出入。	共發佈告示三份
借給兵糧示*	因調撥官軍守衛庫藏，移文支給所需兵糧。	
獎勵官軍告示*	獎勵官軍火災時盡力守衛庫藏。	

註：1. 本表據《止止齋集》卷十九所製。
　　2. *記號屬告示文體。

而〈查應取文卷告示稿〉的內容則較爲簡略：

> 使司示，仰各吏書知悉，凡被火散失文卷，俱要盡數開報，限三日具單送閱，以憑行補，如有開報不盡，臨時混槀者，重責革役不恕。〔註46〕

雖然火勢及時撲滅，吏書也緊急搶出公移文卷，但多項卷宗仍被火焚毀，以致十存六七，布政使對於災後之處置，首先清查文卷殘存情形，嚴禁吏役隱匿片紙，若首告得實者給賞，犯者重懲。明初對於諸司官吏毀棄簿冊已有禁令，並規定將禁約備榜刊文如式，懸掛於官署公座之上，以便朝夕警誡〔註47〕。所以，詳細查覈卷宗文件的存毀情形，與嚴禁官吏隱匿攜帶，其目的一方面在於保存公牘檔案以便稽考，一方面則是預防文件外洩，以免有不

〔註46〕《止止齋集》，卷十九〈查應取文卷告示稿〉，頁 11 下～12 上。
〔註47〕《洪武永樂榜文》，〈爲諸司官吏棄毀簿書黃冊等項及不立卷宗事〉，頁 510～511。

肖之輩趁機竄改錢糧數目、把持官府等流弊。〔註48〕

　　事實上〈查收見在文卷稿〉與〈查應取文卷告示稿〉二件內容上大致相同，皆是出示給布政使司衙門內外的官吏軍民知悉，只是前者規範內容詳盡，後者較爲簡要；另外〈查收見在文卷稿〉的內容有「使司示」、「特示」等字句，符合告示文體結構，所以屬於告示性質。從兩篇文稿的性質與內容，反映出官府在發佈告示之前，必定預先草擬草稿，然後再正式出示告諭軍民人等。另外，還發出三件行文至各屬縣等機關，要求查閱並抄補文卷的公移，並限期進呈至布政司。由於火勢延及庫房錢糧，布政使需會同參議、按察司、各道等官，共同查驗錢糧現存數量，同時造冊呈報。〔註49〕

　　當布政使司東廊失火之際，情勢一度混亂，爲恐不肖者趁機偷盜官物，或竊取公文等弊端，布政使沈演隨即傳令福州府通判李用賓發文至各營，委由把總鄧學禹、余廷玉等人，調動官兵前來守備庫房、倉庫，在同日之內（十一月十一日）連續發佈三份不同之告示，分別曉諭官兵聽命各把總調度，除量撥官兵嚴守官府大門、二門、廳堂，不許擅自放進閒雜人等之外，亦調撥分守東西庫房、城隍廟等處，輪班當值，凡看守官兵不可妄取一物，否則以盜竊官物論處，先重責五十然後從重嚴懲。〔註50〕

　　從火災發生之後，七營官兵在把總鄧學禹、余廷玉率領之下，陸續進駐布政司衙門附近，此時城內大致進入由官軍所管轄的「半戒嚴」時期，嚴防因火災事態所引發的混亂與不安。爲因應大量官軍進駐所需的糧食消耗，布政司特出告示至各營，要求暫先預支糧食給守衛官兵，以示優卹：

　　　　布政使司示，目今天氣寒冷，各兵守宿勞苦，以前歷過兵糧相應即

〔註48〕　蕭慧媛，〈明代的刷卷御史〉，《明史研究專刊》第十四期，2003 年 8 月，頁 1
　　　　～42。這種查核文卷的工作其來有自，即所謂的「刷卷」與「勘磨卷宗」，明
　　　　代對於官府衙門文簿的刷卷工作甚爲重視，並遣派御史至各地定期查覈。從刷
　　　　卷的定制化，不僅反應明代注重整頓吏治，更說明其保存卷宗文簿之用心。

〔註49〕　《明代律例彙編》，卷七〈户律四·倉庫·損壞倉庫財物〉，頁 544。明代官署
　　　　倉庫與積貯錢糧，若有放置不當以致損壞，負責管理者需以記贓論罪，悉數
　　　　賠還入官；若是因水旱、盜賊等特殊因素所造成，則不在此列，但必須會官
　　　　勘查明白，然後奏請備案。凡有趁機虛報文案、塗改籍冊者，則計贓以監守
　　　　自盜論。所以從福州布政使司火災事件，布政使沈演屢次發佈公文，至所屬
　　　　機關抄補缺漏文卷，以及戒諭書吏確實開報錢糧數目等，說明此條律令被明
　　　　代官員所嚴格遵守。

〔註50〕　《止止齋集》，卷十九〈十一日示〉，頁 14 下～15 下；《止止齋集》，卷十六〈火
　　　　志〉，頁 12 下。

　　爲給發，自此至十二月終止，相應預支借給，以示優恤。爲此，示
　　諭七營把總知悉，速將花名及應支錢糧數目，先行報司，并報防館
　　覆覈，轉申合于衙門報院，以憑給發施行，故示。〔註51〕

除預支官兵錢糧，在火災事件處理完畢之後，布政司另張貼告示獎勵官軍，
並分別賞賜銀兩，嘉勉連日以來搶救火災、警備守衛之辛苦。

　　從福建布政司火災事件，布政司所發佈的相關處理措施，大致說明幾項
要點：(1)官府所發佈的榜文告示，具有處理緊急應變之功能，無論是從調撥
官軍守衛衙門、查核卷宗文案，乃至於預支兵糧、獎勵官軍等，都顯示出榜
文告示在處理緊急事務上的變通與迅速。(2)從官府發出的三件行文至各屬縣
以及兩件告示稿，反映出明代官府對於保存卷宗檔案的重視與用心。

　　官府告示之發佈，除用以處理緊急情況之應變，有時還能處置一些特殊
而少見的情況。都察院右僉都御史李材，在督率官軍弭平盜賊之後，部分餘
黨聞風逃遁，僅遺留下田地無數，因此時正值收割之際，遂遣官兵兩千人駐
守，並發佈告示告諭百姓收割米稻，其目的在於「一則絕盜賊之命，一則濟
百姓之饑。」〔註52〕以官府的立場發佈告示，勸諭百姓趁快收割盜賊田地，
這種情形確實甚爲少見。袁黃（1533～1607）在出任北直隸順天府寶坻知縣
時，以縣境之內多有野生的稻田，若值災荒之際尚可溫飽止饑，遂即勸諭百
姓在收割之時，需懷有愛惜之心，毋任意糟蹋丟棄，當思不耕而獲〔註53〕。
以上的事例，皆反映出官方爲應付突發狀況時所採行的特殊事例。

　　金戈戰鼓、鳴槍放砲之際，由於聲勢震天，往往代表著戰爭或事變的開
端，故而百姓若突然聽聞巨響，多會因不知情由而驚駭失措。隆慶二年
（1568）正月，民間訛言朝廷點選綉女，以至於湖州府各地適婚女子，無不
急欲婚嫁，當時適逢某將官行抵北關，放砲三聲，百姓以爲太監到來，竟
至驚慌奔走，幾乎釀成變亂，期間雖有官府出榜嚴禁，但仍不能安撫民心
〔註54〕。因此爲避免流言耳語無謂的散佈，官府在操練官軍之時，通常會張

〔註51〕《止止齋集》，卷十九〈借給兵糧示〉，頁 15 下～16 上。
〔註52〕《兵政紀略》，卷二十四〈嶺西經略・諭百姓趂〔趁〕時收割賊田示〉，頁 18
　　　　下～19 上。
〔註53〕明・袁黃，《寶坻政書》，《北京圖書館古籍珍本叢刊》四十八冊（北京：書目
　　　　文獻出版社，1988 年 2 月，據明萬曆刻本景印），卷九〈救荒書・愛惜野稗告
　　　　示〉，頁 5 上。
〔註54〕明・田藝蘅，《留青日札》，《四庫全書存目叢書》子部一〇五冊（臺南：莊嚴
　　　　文化事業有限公司，1997 年 6 月初版，據明萬曆三十七年徐懋升重刻本景

貼告示曉諭，以免突來巨響，徒增百姓不必要的驚慌。如太和縣爲官軍試銃所發佈的〈試銃安民〉告示：

> （三月）初二日試銃，仰南方地方傳與望城鋪，望城鋪傳與雙廟鋪，
> 雙廟鋪傳與界牌集知道，居民毋得驚恐。〔註55〕

此告示發佈於崇禎八年（1635）三月初一日，鑑於此時各地流寇紛起，地方秩序動盪不安，爲避免操練官軍試銃時，所發出的巨響而造成百姓無謂的驚恐，特別於前一日發佈告示，並由各鋪相互傳遞信息，使所屬地方居民安心無懼。

　　經由官方告示的傳播效率，無論是官署火災、官軍試銃等各項緊急事件，或是搶割野稻等特殊事件，都反映出告示對於突發事故所發揮的應變能力，使官府能在最快時間之內，向百姓告知事件發生的經過情形，並穩定民心，然後迅速達到妥善處置與善後之功效。

第二節　端正社會風氣

一、申明綱常禮法

（一）衣冠服飾

　　傳統中國的禮制規範，主要是藉由政治或社會身份差異，反映在服飾與器物上的使用不同。明初既承襲此套制度規範，即規定「凡官民服色、冠帶、房舍、鞍馬、貴賤各有等第，上可以兼下，下不可以僭上」〔註56〕，以服色形制來界定社會階級。洪武二十六年（1393）八月，以擅自更改皮靴式樣，將五城兵馬司所擒拿顏鎖住等三十八名犯人斬首，並出榜告諭天下：

> 本部（刑部）切詳，先爲官民等一概穿靴，不分貴賤，致使奸頑無
> 籍，假粧官員人等，挾詐騙人，擾害良善，所以朝廷命禮部出榜，
> 曉諭，軍民商賈技藝官下家火者，並不許穿靴，止許穿皮劄鞊，違
> 者處以極刑。此等靴樣一傳於外，必致制度紊亂，宜加顯戮。洪武
> 二十六年八月初三日欽奉聖旨：這等亂法度，都押去本門首梟令，

〔註55〕的下半部分：

> 印），卷九〈風變〉，頁 13 下～14 上。

〔註55〕 明・吳世濟，《太和縣禦寇始末》（北京：中華書局，1983 年 10 月第一版），卷下〈告示五・試銃安民〉，頁 104。

〔註56〕 《大明會典》，卷六十二〈禮部二十・房屋器用等第〉，頁 1 上。

全家遷入雲南。〔註57〕

因此在整個洪武時期（1368～1398），明太祖陸續制定各項禁令，以士人與庶民的冠服而言，舉凡衣色、配飾、布料、褲鞋等皆有鉅細靡遺的限制，稍有違禁者即擒拿至官府問罪〔註58〕，其目的在於限制彼此不得僭越，進而建立貴賤有別、禮法嚴明的社會秩序。另外在嚴夷夏之防方面，擅著胡服亦屬違制，正統七年（1442）十二月禮部尚書胡濙（1357～1463）等奏稱，中外軍民人等多於服飾上垂纓插翎、尖頂禿袖等式樣，語言行為上亦學習胡俗，崇尚胡化習俗的情形頗為嚴重，因此奏請加以禁止，並請令都察院出榜，委由監察御史巡察嚴禁〔註59〕。明初的社會風氣純樸，復以政治力量的強制規範，雖偶有違禁情形發生，禮法嚴明的社會秩序仍得以維繫。明代中葉以來，社會風氣逐漸開放，而商品經濟的買賣流通，更加速刺激消費型態，因此明初所建構的社會秩序遂受到衝擊與影響〔註60〕。所以受到經濟快速流通的競爭發展，商品的多樣性與特殊性，則是逐漸改變社會風氣的因素之一。

關於禮法制度的規範，自明初以來即有明令，朝廷亦藉由告示榜文之刊布，加強申明其禁。如宣德四年（1429）二月曾詔令：「凡內外官員士庶，服飾儀從，皆有定制，近多越禮犯分，其揭榜申明定章，使無僭越。」〔註61〕所以明初士庶的服飾違制零星可見，但是大致仍遵守明初禮制規範。但自明代中晚期以來，江南地區棉織、絲織、染布等行業的興盛，逐漸創造出獨樹一格的服飾式樣，如蘇州的「蘇樣」。此種服飾的風尚，甚至影響至京師地區，如在樣式方面則流行明道巾、東坡巾、陽明巾等復古巾服，另有甘泉衣、陽明衣、琴面衣等，衣服質料方面則競尚唐緞、宋錦，這些裝扮不僅顯示上層社會的身份地位，更標榜美觀華麗的飄逸之態，在明代服飾文化的發

〔註57〕《洪武永樂榜文》，〈為奸頑亂法事〉，頁 512。

〔註58〕《明史》，卷六十七〈輿服志三〉，頁 1649～1650。

〔註59〕明·顧炎武，《原抄本日知錄》（臺北：明倫出版社，1970 年 9 月再版），卷二十九〈胡服〉，頁 826。

〔註60〕例如松江地區在萬曆（1573～1620）以前並無專門販售的鞋店，萬曆以後始有製鞋店鋪，專門生產精緻而多樣的款式，因製作精美廣受歡迎，致使鞋業得以蓬勃發展，富家公子爭相以高價爭購，以致於當地高達數百餘商家。參見：明·范濂，《雲間據目抄》，《筆記小說大觀》第二十二編五冊（臺北：新興書局，1978 年 9 月），卷二，頁 2 下。

〔註61〕清·龍文彬，《明會要》（北京：中華書局，1956 年 1 月第一版），卷十四〈禮九〉，頁 240。

展上具有其重大意義〔註62〕。所以在社會風氣競相追求服飾上的新穎與華
麗，流風所及之處，士庶階層不免爭相仿效，於是開始僭越明初所嚴定的禮
制規範。

　　不過，部分傳統士大夫開始意識社會風氣的變易，甚至站在朝廷的立場，
批評社會風氣的奢靡浮華，是造成禮法社會解體的原因之一，而將此種服飾
變異斥之爲「服妖」，其批評重心在於僭禮逾制、奢侈靡費、逆返陰陽、異服
不祥等議論〔註63〕。基於維護傳統禮制的精神，部分士大夫認爲惟有戒奢、
懲欲，方能再造廉潔之社會風氣，景泰五年（1454）十二月即以風俗奢靡，
詔命禮部申明喪葬、婚嫁舊制，並榜示通衢〔註64〕。徐階（1503～1583）更
建議應由文武百官首先身體力行，並請皇帝敕下都察院，刊布榜文於京師地
區，以提倡廉潔之風氣：

> 伏乞聖明敕下都察院出榜曉諭，令今後百官務要薄嗜慾、省交際、
> 重名檢、奉公法，其於贊成盛世，媲美有周。及勅錦衣衛嚴禁坊肆，
> 不許製造大餅、高花錦鞍、繡褥等項奇巧華麗之物，以蕩人耳目，
> 而移其心志。如有違者，官聽科道糾劾，軍民聽該衛挐問，至於外
> 官苞苴到京，一體嚴行緝挐，庶奢侈之俗革，廉潔之風興，治本端
> 而太平可望矣。〔註65〕

徐階認爲若要改善奢靡澆薄的社會風氣，首要在於崇尚勤儉寡欲，並由京師
官員躬身實踐，以爲百姓之表率。不僅朝廷頒訂禁約榜文，禁止奢靡浮華之
風氣，蘇州知府況鍾也認爲蘇州地區居民過度競奢，甚至縉紳大族亦沈浸其
中，恐因「暴殄天物，召災致咎」，遂頒行戒奢的告示，試圖遏止此種風氣之
蔓延。〔註66〕

　　在部分士大夫倡導恢復舊法禮制之推動下，京師既爲首善之區，政治力
量必然強行介入，然而面對經濟富裕的社會發展下，兩者之間不免產生拉鋸

〔註62〕 邱仲麟，〈明代北京的社會風氣變遷——禮制與價值觀的改變〉，《大陸雜誌》
　　　　 八十八卷三期，1994年，頁2。
〔註63〕 林麗月，〈晚明的「服妖」議論及其性別意涵〉，收錄於王成勉主編，《明清文
　　　　 化新論》（臺北：文津出版社，2000年9月第一版），頁154～162。
〔註64〕 《明英宗實錄》，卷二四八，頁3上，景泰五年十二月丙戌條。
〔註65〕 明・徐階，《世經堂集》，《四庫全書存目叢書》集部七十九冊（臺南：莊嚴文
　　　　 化事業有限公司，1996年版，據明萬曆徐氏刻本景印），卷七〈請禁奢侈〉，
　　　　 頁39上～下。
〔註66〕 《況太守治蘇集》，卷十二〈戒奢侈榜示〉，頁10上～下。

的情形，甚至形成相互抵觸，造成恢復舊法禮制之複雜性。韓介曾就京師居民衣飾逾制一事上奏，從其奏疏所論述之內容，可以看出京師地區恢復禮制的困難性：

> 京師之民衣飾逾制，……雖經禮部奏頒禁約，都察院節行革逐，而
> 目循日久，違犯猶初，都會如此，安望四海九州之遠不踵其故步哉？
> 乞勅禮部查照原刊禁約，咨行都察院轉行各城御史，查訪民間房屋、
> 衣服等項，但有違例，與夫山人、星相、倡優之流，盤據雜出都，
> 逐一究治。〔註67〕

南京地區經濟繁榮，士人儒生穿戴各種式樣之服飾、巾鞋，更是以競相新奇為率，雖經南京禮部屢次禁約，仍舊違犯如故〔註68〕。因此朝廷即使透過禮部、都察院等衙門頒行禁約，並會同巡城御史等官查緝違例居民，但兩京地區居民衣飾逾制情形嚴重，因此韓介遂奏請再次申明舊例，以達到禁止衣飾逾制之功效。

無論官僚或士大夫，在爭辯禮制維護之時，都試圖透過朝廷或官府告示榜文之發佈，使其言論取得政權的合理與合法性，藉由言論所代表的權威性，遏止違反社會善良風氣之蔓延。然而事實上，以京師都會地區的政治力量強制規範，尚且無法完全禁止違制之情形，更遑論其他地區在商品流通的社會經濟發展下，能夠遵從舊有禮制。

（二）婚喪禮俗

明代承元末舊俗，在婚姻上多有同姓、兩姨姑舅為婚，甚至有弟收兄妻、子承父妾之情形，明太祖認為此胡俗「夫婦無別，綱常大壞，與我中國聖人之教何如哉」，於是詔令若屬元末已成婚者既往不咎，今後男女婚配，凡有破壞綱常，違犯先王禮教者，罪不容赦〔註69〕。在宗族禮法治約之下，對於宗族通婚或同姓通婚，同樣屬於禁令之列，張旭在嚴禁宗族通婚等事的禁約中提到，無論是宗族或同姓者，皆須離異再婚，以免紊亂倫理綱常，並將禁令榜文通行所屬府州縣衙門與人煙輳集去處，張掛曉諭軍民人等：

> 以此多出榜文，通行所屬府州縣衙門，及人煙輳集去處，常川張掛

〔註67〕《留臺奏議》，卷一，韓介〈陳愚見以光至德疏〉，頁20上～下。
〔註68〕 明・祁伯裕，《南京都察院志》（臺北：漢學資料中心景照明天啟三年刊本），
　　　　 卷三十五〈憲務類・禁約異服異鞋箚五城御史〉，頁18下～19上。
〔註69〕《御製大誥》，〈婚姻第二十二〉，頁62。

> 曉諭軍民人等，但凡有犯此條例，許令自首，若婦人年五十以上，
> 老無所歸者，申請定奪；其男婦四十以下，悉照同姓爲婚律，杖六
> 十離異。未娶者改正，免罪。〔註70〕

張旭站在倫理綱常的立場上，嚴厲批評同姓互婚者，指出無論是宗族或同姓者，在遠古的根源同出一脈，如今卻相互通婚，導致禮法毀棄、綱常瀆亂；此外，更斥責地方官府與里老，對於此等風俗未能加以導正，反而採取默許容忍的態度。因此，在朝廷政治命令的強勢主導下，強行將同姓通婚已婚者離異，未娶者改正，以杜絕其弊。

　　傳統喪葬習俗是採行土葬，自唐末五代以來佛教傳入中國，火葬法漸爲民間社會所接受，由於火葬法違背傳統習俗，遭到知識分子的質疑與抨擊，知識分子批評火葬之俗，主要是站在尊親的觀點，以身體髮膚受之父母，不敢毀傷，更何況焚燒父母遺體，因此火葬所代表的不僅是葬禮儀式，更牽涉到儒家傳統價值的衝突，所以歷代以來莫不嚴禁火葬之俗。以宋代而言，朝廷統治是透過禮俗的控制與規範，藉此傳達並將百姓行爲準則化，因此當宋儒強調反對火葬的理由是「焚親之殘」時，代表禮俗破壞的嚴重性，衝擊廷統治的權威，故而皇帝支持並發佈嚴禁火葬之命令。〔註71〕

　　明代承襲宋儒的觀點，認爲基於尊崇人倫的立場，亦採取禁止火葬的措施。明太祖於洪武三年（1370）六月規定，於民間地方廣設義塚掩埋骸骨，凡死者以火焚或投水者皆加以嚴禁〔註72〕。成化四年（1468）二月，敕都察院出榜嚴加禁約，凡軍民有焚屍者皆處以極刑，並發文移咨各地方申明禁令；另外，停柩在家經年不葬者亦依律問罪，若屬貧窮無力下葬者，則許遷往義塚埋葬〔註73〕。但事實上火葬之俗雖遭官方屢次禁絕，但民間仍違禁使用，如南宋理宗景定二年（1261），吳縣通濟寺內有空亭，久爲民眾私下火葬之處，曰「化人亭」，之後縣尉黃震加以毀棄，並張示榜文於通濟寺，不許再行建置以爲火葬之用〔註74〕，可見宋代此種風俗已盛行於江南地區。明代民

〔註70〕《梅巖小稿》，卷三十〈公移・一件嚴守令之選以興民之利〉，頁 4 下～5
　　　　上。
〔註71〕蔣義斌，〈宋代的葬俗——儒家與佛教的另一戰場〉，《國際宋史研討會論文》
　　　　（臺北：中國文化大學史學研究所，1988 年），頁 613～623。
〔註72〕《明太祖實錄》，卷五十三，頁 10 下～11 上，洪武三年六月辛巳條。
〔註73〕《明代檔冊》，《中國明朝檔案總匯》第八十七冊，〈父母亡歿不許焚毀例〉，
　　　　頁 184～185。
〔註74〕《原抄本日知錄》，卷十八〈火葬〉，頁 450～451。

間的地方習俗，仍沿襲使用火葬者，嘉靖十八年（1539）南京兵部尚書湛若水（1466～1560）即訪查到應天府上元縣的南城三塔庵僧人，私創祠廟並設有「化人廳」，招人焚屍取財，於是奉詔出榜禁約火葬，且興建漏澤園以掩埋骸骨〔註75〕，顯然此「化人廳」之設置，是承襲宋代「化人亭」而來。

明代地方各級官員依照朝廷政策，對於嚴禁民間火葬習俗，同樣採取行政力量的強行介入，並刊布官方告示屢加禁止。江西南昌知府范淶認爲火葬之俗，雖受到佛教傳入的影響，但其中更因爲部分專以焚化屍骨爲業的無籍僧人，屢加勸誘百姓施行火化，進而造成火葬習俗深入民間生活。爲維護傳統儒家思想與禮制，因此在禁約告示之中，特別嚴加告誡此等僧人：

> 又有一等慣行焚屍之人，及一等無籍棍僧，抄化骸骨，排砌焚毀，
> 男女遮邐聚集觀看者，非惟有犯律例，抑且大傷天和，除已往不究，
> 合就出示嚴禁。爲此，示仰省城内外居民人等知悉。〔註76〕

官府爲嚴格執行此一禁令，規定凡鄰里知情而不報者一體連坐，皆緝捕入獄問罪，企圖以連坐法來禁絕民間火葬的風俗。嘉靖時期的廣東提刑按察副使魏校（1483～1543），在勸諭百姓的文告之內，強調禁止火葬以厚人倫，並認爲百姓是受到所謂「師巫謬彰邪說」的鼓動，才會造成火葬屢禁不絕的情形，並以宋儒的人倫、尊親觀點，曉諭百姓勿使父母身後徒受炮烙之刑：

> 今四民之中有父母生時觸怒得罪，可殺可□，父母死日即火燒路
> 棄，可痛可傷。此固久安之陋習，亦由有等師巫謬彰邪說，惑亂民
> 心，以西方爲極樂，火化爲歸仙，不知西天是夷鬼之地，父母何居？
> 火化乃炮烙之刑，父母何罪？〔註77〕

可見地方官員經常採取刊布官方告示的方式，對於當時民間的火葬習俗屢加嚴禁。

基於儒家倫常的觀念，既然戕害身軀屬於違背孝道，因此不僅嚴禁對「死

〔註75〕 明‧湛若水，《湛甘泉先生文集》，《四庫全書存目叢書》集部五十七冊（臺南：莊嚴文化事業有限公司，1997 年 6 月初版，據清康熙二十年黃楷刻本景印），卷三十一〈奉詔新建南京漏澤園西城一等號碑文〉，頁 32 下。

〔註76〕 明‧范淶修，《南昌府志》，《中國方志叢書‧華中地方》（八一〇）（臺北：成文出版社，1989 年 3 月臺一版，據明萬曆十六年刊本景印），卷二十五〈藝文‧南昌府爲禁約事〉，頁 36 下～37 上。

〔註77〕 明‧魏校，《莊渠遺書》，《文淵閣四庫全書》一二六七冊（臺北：臺灣商務印書館，1983 年版，據國立故宮博物院藏本景印），卷九〈諭民文〉，頁 19 下～20 上。

者」的焚屍行爲，更禁絕對「生者」的自殘舉動——自宮。自宮是一種非人道的舉動，明代歷朝法律雖予以明令禁止，但民間私下自宮者仍屢見不鮮，爲此朝廷多以出榜的方式重申禁令：

> 宣德二年七月，諭禮部尚書胡濙禁止自宮，違者發充軍。上曰：「昔皇考在位禁止自宮之人，謂其毀傷父母遺體，最是不孝。凡有此等皆發充軍，朕遵承先志，亦嘗援例發遣。比者小人復犯，孔子曰：『示之以好惡而民知禁。』卿宜出榜遍諭天下，使之遵守。」〔註78〕

事實上自宣德（1426～1435）以後各朝，皆採取榜文禁約的方式嚴禁擅自自宮者，如景泰三年（1452）七月即榜諭天下，敢有違犯自宮禁例，投靠王府勢宦之家者，俱以不孝論處等，然而嘉靖、隆慶之後禁例愈嚴，自宮者卻愈禁愈多〔註79〕，即使至崇禎時期朝廷鑑於民間私行閹割，造成不少稚童殞命，經由禮部開列榜文禁約，佈告天下遵守，規定凡詔諭所到之日，依舊違犯或知而不舉者皆按罪正法。〔註80〕

　　明代自宮事件屢禁不止的原因，與宦官權力高漲、擅威作福的社會現象有必然影響。丘濬（1418～1495）認爲在歷代刑罰之中，以肉刑傷殘肢體最爲殘忍，而宮刑絕人子嗣更爲後世所詬病，因此自漢文帝廢肉刑以來，凡有建議恢復者必爲時人所反對，然而仍有悖天無親之徒，希圖自宮以求進用〔註81〕。爲求博取富貴，常有爲人父閹割其子，或兄弟俱閹，其目的皆是藉此進入宮廷謀圖富貴，然而萬曆時期京師河間府地區，出現因自宮卻未被選入宮廷者，於是流落在都城之外，弱者爲乞丐，強者糾衆行劫的情形〔註82〕。這些事例都說明，在富貴榮華的誘因之下，即使諭之以孝道倫常，威之以嚴刑峻法，仍無法禁絕明代自宮的社會風氣。

二、禁革惡俗習慣

　　明代疆域遼闊，各地風俗雖因民情不一，各有差異，其中不免有好壞之

〔註78〕　《皇明大政紀》，卷九，頁 51 下。
〔註79〕　《萬曆野獲編》，補遺卷一〈內監・禁自宮〉，頁 815～817。
〔註80〕　明・文秉，《烈皇小識》，《筆記小說大觀》十編三冊（臺北：新興書局，1975年），卷一，頁 4 下。
〔註81〕　明・丘濬，《大學衍義補》（京都：中文出版社，1979 年 1 月初版，據日本寶正四年和刻本景印），卷一○四〈治國平天下之要・愼刑憲・制刑獄之具〉，頁 8 上～下。
〔註82〕　《萬曆野獲編》，卷六〈內監・丐閹〉，頁 178～179。

別，然而地方習俗的過度劣質化，有時會逐漸改變原來的風土民情，甚至會影響地方社會秩序，因此官府必須針對部分的惡習，利用行政權力採取適當的措施加以禁止或改善。

人與人之間難免因為糾紛而產生民事或刑事訴訟，這些都需藉由官府審理加以解決，然而官府在處理相關訴訟事務時，發現部分訴訟的來源，是由少數訟師或代人訴訟者刻意教唆、包攬詞訟。蘇州知府況鍾（1384～1442）曾指出當地每日訴訟不下千餘人，經過詳細審問之後，發現懷私誣告、代人告狀的情形甚多〔註83〕，說明訴訟案件增多的情形，主要原因在於誣告與代人告狀，而兩者的背後則是歸結於訟師的勸誘與鼓勵。明代自中晚期以來，民間的訴訟風氣極盛，部分地方官所處理的訴訟案件數量，一年可達數千甚至數萬份狀紙，這些地方往往被視為具有健訟、好訟之風。此外，訟師的素質參差不齊，藉由鼓動民眾濫興訴訟，從中獲取暴利者不在少數，以致於訟師多被賦予「訟棍」的負面形象。〔註84〕

官府為遏止類似濫訟情形的增多，大致採取兩方面措施，一則對於訟師或訴訟代理人的懲治與管理，一則以政令宣導民眾嚴禁濫興訴訟。對於訟師人等管理措施，是透過官府的政治力量所主導，明末范景文認為困擾民間地方的亂源有二，一種是官府的差役騷擾，另一種則是健訟之輩的騷擾〔註85〕。佘自強認為面對訟師干涉司法審判的因應之道，即聯合整個行政官僚體制予以反制，當官府在審理訴訟案件時，若發現到其中有訟師的干涉與介入，則應藉由公移文卷往返時，向所屬機關註明呈報，藉以提高審理時的警覺性，並避免落入刁蠻訟師的反覆訴訟、誣陷縣官等手段操弄：

> 凡自理詞訟，遇刁徒強項訟師，不服縣官責罰者，察言觀色，覺有可異，即將此起申招府堂，詳內云：「事干刁棍重情，合應申達本府。」本府詳允後，如此人再告上司，批府亦難反汗，致謗縣官。如批各廳，彼亦相諒，絕不相反。亦諧世中一制奸法也。〔註86〕

〔註83〕《況太守治蘇集》，卷八〈請給通關勘合及禁詞訟牽告奏〉，頁15上。

〔註84〕夫馬進，〈明清時期的民事審判與民間契約〉，收入《明清時期的訟師與訴訟制度》（北京：法律初版社，1998年10月第一版），頁390～421。

〔註85〕《文忠集》，卷二〈直陳除害安民諸款疏〉，頁18上～下。

〔註86〕明・佘自強，《治譜》，《續修四庫全書》史部七五三冊（上海：上海古籍出版社，1997年，據明崇禎十二年胡璇刻本景印），卷二〈初選門〉，頁14下～16下。

相較於余自強的消極提醒，胡台卿的措施更顯得積極而有效率。胡台卿出任
江西臨江府新喻知縣時，得知當地百姓多訟，於是「廉得訟師數人，籍於官，
各給號簿。民有訟者，使據情為辭，情辭一不當，則笞之先。時民被訟者，
吏匿其詞，其案以鉤得民財」〔註87〕，經由簿號名冊的登記，將當地訟師納
入管理，日後凡遇訟詞案件有誤或不法情事，則惟承辦之訟師是問，不僅達
到赫阻濫興訴訟之作用，更建立一套類似於訴訟代理人的制度，並採取責任
制度以便有效管理訟師的訴訟行為。

　　官府以告示榜文形式，藉由行政命令屢次頒行禁訟、止訟的禁約之外，
在面對突發或特殊事故時，則會告諭百姓暫停受理訴訟。顏俊彥鑑於百姓每
次告狀，動輒狀紙數百，訴訟期間不僅需耗衙門公帑無算，更因堆積待審狀
紙曠時費日，造成阻礙其餘行政事務遲滯不行，因此特別要求百姓，如遇歲
暮或遭逢災荒歉收時，官府皆暫時停止審理訴訟〔註88〕。福建泉州府同安知
縣曹履泰，鑑於地方盜賊甫為官軍所平定，此時當以休養生息為要事，遂發
佈官府告示要求百姓努力耕織，所有縣內訴訟詞狀，一律暫緩審理：

> 今上司甫議招安，毒螫已斂，而甘雨下降，正值農工告急之時，切
> 身之痛，少紓萬一，爾百姓各自趁雨力田，不得紛紛搶攘。凡縣間
> 詞狀一切，暫緩審理，差人下鄉騷擾，即稟究責革。惟上司批詞，
> 一二關係重情者，勢不得久稽，爾輩速自赴縣審結，免致差擾，困
> 疲之餘，合當安息。謂此特示。〔註89〕

崇禎八年（1635）四月，南直隸鳳陽府太和縣則因收割麥田的時節將近，特
由官府發佈告示，勸諭百姓歸家割麥，並暫時於農忙期間，官府停止接受訴
訟，其目的在於使百姓專心於農事〔註90〕。此外，更有將判決後的審單粘貼於
衙門前，使眾人明白觀視，以杜絕吏役索賄、罪犯趁機圖賴等弊端。〔註91〕

〔註87〕明・高攀龍，《高子遺書》，《乾坤正氣集》（十七）（臺北：環球書局，1966
　　　　年9月，據清道光二十八年求是齋刊本景印），卷五〈江西安福縣知縣台卿夏
　　　　公行狀略〉，頁9089。
〔註88〕明・顏俊彥，《盟水齋存牘》（北京：中國政法大學出版社，2002年1月第一
　　　　版），〈公移・諭民休訟〉，頁345、〈公移・歲暮諭停止詞訟〉，頁345。
〔註89〕明・曹履泰，《靖海紀略》，《叢書集成新編》九十七冊（臺北：新文豐出版公
　　　　司，1985年），卷一〈安各地方示〉，頁13。
〔註90〕《太和縣禦寇始末》，卷下〈告示五・停徵〉，頁105。
〔註91〕《幾亭全書》，卷三十〈鄉籌八〉，頁12下：「審單既定，誰能上下其間，取
　　　　供者欺弄愚民，需索無限，甚或私改數字，誑惑原被，甚可恨也。聽審次日，

　　傳統社會在處理地方糾紛時，受到儒家教化的薰陶，朝廷或官府所抱持的態度，通常是以「刑期無刑」為目標，說明「禮」與「刑」位階次序，應以禮法優先於刑制，因此無論是「禮失而後刑」或「法以備亂」等論述，皆強調以禮輔刑的觀念，並屢屢申誡法治是不得已而為之〔註92〕。社會秩序既以追求「無刑」、「無訟」為終極目標，對於訟師代人興訟的行為，便視為破壞地方秩序的亂源，故而以官方力量嚴禁訟師或訴訟行為；加上訴訟程序時兩造所需耗費的金錢時間，以及官府拘提、審訊等社會資源成本，因此皆被視為勞民傷財之舉。過度興訟的舉動固然被視為負面現象，然而從社會環境的實際需求來看，人與人之間難免產生各種衝突，面對糾紛如何採取一種較為公正的協商調解制度，則是官方機構在一味施行嚴屬的禁止訴訟政策之外，所需面對嚴峻的挑戰與課題。〔註93〕

　　地方風俗未能良善淳厚，往往是導致社會秩序紊亂的根源，官府對此即採用行政命令經由鄉約、保甲等地方組織，強制變革不良習俗。王守仁於巡撫江西南贛時，鑑於地方多盜，民生經濟遭受破壞，即發佈告示勸諭百姓，無競相崇尚奢靡，以便休養生息：

> 吾民居喪不得用鼓樂，為佛事，竭貲分帛，費財於無用之地，而儉於其親之身，投之水火，亦獨何心？病者宜求醫藥，不得聽信邪術，專事巫禱。嫁娶之家，豐儉稱貲，不得計論聘財妝奩，不得大會賓客，酒食連朝。親戚隨時相問，為貴誠心實禮，不得徒飾虛文，為送節等名目，奢靡相尚。街市村坊，不得迎神賽會，百千成群，凡此皆靡費無益。有不率教者，十家牌鄰互相糾察，容隱不舉正者，十家均罪。〔註94〕

藉由連坐法與鄉約組織的施行，使其鄰里相互糾察，進而將範圍擴大至喪葬、婚娶、禁奢等社會風氣，以達到變易風俗的目標。

悉錄審單，粘貼頭門，聽眾綜觀，明如日星，定如山嶽。」
〔註92〕連啓元，《明代的獄政管理：國家制度下的司法權力運作》（臺北：花木蘭文化出版社，2009年3月初版），頁60～63。
〔註93〕從社會環境的實際需求而言，早在宋代時便已有設立協助民眾書寫狀紙的「書鋪」，元代地方機構則有「代書人」，這些都說明民眾在面對處理糾紛時，希望藉由官方或私人（訟師）方面，獲得較有利的法律知識與司法協助。參見：邱澎生，〈真相大白：明清刑案中的法律推理〉，收入《讓證據說話──中國篇》（臺北：麥田出版公司，2001年8月初版），頁135～148。
〔註94〕《王陽明全集》，卷十六〈別錄八・告諭〉，頁565～566。

面對地方習俗的改善，除官府的行政權力強行介入外，有時還需仰賴宗族的影響力。傳統中國的禮制社會規範下，宗法代表著家族之間的共同法律，甚至是最高主權，以便調解家族之間衝突問題，穩定整體家族的社會關係〔註95〕。因此，部分官府經由宗族的組織力量，南昌府鑑於當地宗族人口繁衍甚多，以致於族人多有不聽家長、族長約束，導致惡行連累父兄族人，官府特於各姓氏宗族設置宗長，另設立簿冊依照各家各戶查舉並加以管理，而「簿首即將本府所示，開寫在前，各該州縣徑書發行月，印押每族一簿。」〔註96〕將簿冊首頁開列官府之政令，不僅便於管理更具有告示傳播之功效。

除了藉由地方官府、宗族鄉里的禁約規範之外，部分官員則採取宣揚教化的政策，以導正社會風氣。蘇州知府況鍾認為教化為地方官員重要職責，凡有孝子、順孫等節義懿行者，即由鄉里老人呈報官府以憑旌獎，期望經由宣揚節孝義行以改善風俗〔註97〕。呂坤同樣重視節孝義行對於導正社會風氣的積極意義，在擔任山西巡撫期間時，更採取以鄉里保結、鄉里千人同舉的方式推舉節孝義行者，以求官府表彰節孝的公正性，官府若有濫舉或埋沒者，皆予以懲處。〔註98〕

三、獎勵學術活動

科舉制度自隋代設立以來，成為士子入仕的重要途徑與目標，特別是經過明初朝廷所頒行的科舉成式，透過鄉試、會試、殿試等三級考試，將科舉制度予以定型化，奠定明清以來科舉制度下獨重進士的特色〔註99〕。明初規定凡歲貢生員在京中式者，必令出榜於原籍，此舉主要是明太祖希望透過將科舉中試者，在原籍去處張掛榜文，藉以激勵其他讀書人求學、科考之意願。洪武十七年（1386）九月，聖旨即規定凡中式生員需出榜於原籍去處張掛，以便鄉里居民知悉：

> 洪武十七年九月十三日，本部尚書任昂等官，於華蓋殿欽奉聖旨：「在京鄉試多有中式的國子監生，為他肯學，所以取中，似這等生員，

〔註95〕　瞿同祖，《中國法律與中國社會》（臺北：里仁書局，1994年10月），頁18。
〔註96〕　《萬曆・南昌府志》，卷二十五〈藝文・南昌府為查舉宗長以寓鄉約以敦風教事〉，頁38下～39下。
〔註97〕　《況太守治蘇集》，卷十三〈廣勵風化示〉，頁2下～3上。
〔註98〕　《呂公實政錄》，卷三〈民務卷・修舉學政〉，頁25上～下。
〔註99〕　劉海峰、李兵，《中國科舉史》（上海：東方出版中心，2004年6月第一版），頁272～304。

好生光顯他父母。恁部裏出榜原籍去處張掛，著他鄉里知道，欽此。」
今將中式生員開坐，合行出榜知會，須至榜者，浙江布政司紹興府
新昌縣第十名蔡用強。〔註100〕

正因爲地方生員勤勉向學，故能考取科舉，所以藉由張掛皇榜於中式者原籍，
目的即在於使地方鄉里知曉其考取之榮耀，並獎勵讀書學子的勤學之心。所
以張掛皇榜的舉動，不僅是榮耀中式者自身及其父母，更是勸勉其他士人讀
書意願，以及參與科考的決心。

　　若是會試中式者，所受到的禮遇更爲尊榮，必於京師午門之外張掛黃榜，
宣諭之後隨即除授職名，然後賜宴謝恩。殿試放榜稱爲「傳臚」，皇帝親臨奉
天殿，由鴻臚寺官傳制唱名，禮部官捧黃榜，鼓樂導出長安左門外張掛，最
後以傘蓋儀從送狀元歸第〔註101〕。洪武四年（1371）二月十九日殿試之時，
二月二十日先於午門外唱名張掛黃榜，奉天殿欽聽宣諭，同日除授職名，於
奉天門謝恩。二月二十二日則賜宴于中書省。二月二十三日詣先師孔子廟行
釋菜禮〔註102〕。進士及第之後，則將「廷試及第者，禮部部捧黃榜揭於通
衢，遂賜諸進士宴於會同館，應天府以儀仗送狀元歸第。」〔註103〕

　　洪武十八年（1385）三月，明太祖親御奉天殿策試舉人制策，賜以第一
甲第一名從六品，第二、第三名正七品，俱賜進士及第；第二甲從七品，賜
進士出身；第三甲正八品，賜同進士出身，禮部捧黃榜揭于通衢，遂賜諸進
士宴於會同館，應天府以儀仗送狀元歸第〔註104〕。根據洪武三年（1370）所
頒降的〈設科取士限式〉規定，會試出榜後的兩、三天即爲三月初一日，是
爲殿試日期〔註105〕，至成化八年（1472）因悼恭太子，而將日期推遲至三月
十五日舉行，後遂承襲爲定制〔註106〕。殿試之前，禮部需先揭示序班等相關
事宜，然後再由傳臚中式之進士，依序班著進士服面聖，程序不得稍有錯

〔註100〕明・陳全之，《蓬窗日錄》，《四庫全書存目叢書》子部一一〇冊（濟南：齊魯
　　　　書社，1996年6月初版，據明嘉靖四十四年祁縣知縣岳木刻本景印），卷五，
　　　　頁1下。
〔註101〕《菽園雜記》，卷一，頁1～2。
〔註102〕明・不著撰人，《明洪武四年進士登科錄》，《叢書集成新編》一〇二冊（臺北：
　　　　新文豐出版公司，1985年），頁3上～4上。
〔註103〕《天府廣記》，卷十六〈禮部下・設科之制〉，頁187。
〔註104〕《明太祖實錄》，卷一七二，頁1上～下，洪武十八年三月壬戌朔條。
〔註105〕《明代小史》，卷一〈洪武紀〉，頁33上。
〔註106〕《湧幢小品》，卷七〈殿試改期〉，頁2下～3上。

誤。嘉靖十一年（1532）三月殿試，即因相關官員的傳諭謬誤，致使當時諸進士不服進士巾袍者達百餘人之多，嘉靖帝爲此詔問切責，並將失職官員下法司逮問〔註107〕。殿試及第之進士，先由禮部齎捧黃榜揭於宮門、通衢，昭示中式者的姓名，朝廷賜宴之後再以盛大的儀仗送狀元歸第，這種榮耀中式進士之排場，遂成爲明代尊崇士人定制。

張掛皇榜是爲中式的進士所專設，當其榮歸返鄉時，當地的官府或學校亦會出榜告示，不僅慶賀鄉里培育出人才，更藉此激勵其他士子讀書科考之意願。解縉（1369～1415）站在激勵讀書學子的立場，認爲地方州縣凡生員於每歲春、秋二季通過考試，得以入縣學就讀之後，知縣隨即應設宴迎榜至其家中；此後若考入府學、中會試，府州縣官皆需照舊設宴、張掛榜文至其家，以彰顯地方官府對於教育學術之重視〔註108〕。而科舉榜單之所以令無數讀書人關注的原因，就是在於榜單背後所代表的絕對政治權力。因此，聖旨不單只是皇帝旨意的執行，最重要是讓科舉考試結合了文官任用制度，透過科舉考試的機制，發揮了選拔人才的功能，讓一般人能從「民」轉變成「官」的地位，並且在政治、經濟各層面取得優勢，所以取得進士資格與否，甚至影響會後來任官的資格，形成科舉的流品與階級。〔註109〕

朝廷懸掛張貼皇榜與官府的告示，都有激勵讀書士氣之作用，而豎立進士題名碑記亦具有同樣功效。進士題名碑之豎立始於明初，洪武二十一年（1388）以任亨泰廷對第一，明太祖親撰《題名記》立於國子監門，以示褒獎之意。洪武二十四年（1391）監生許觀會試、廷試皆第一，亦如前例撰碑立石，因此豎立進士題名碑遂沿襲成例〔註110〕。因此，明代歷朝以來尊崇士人的方式，從會試程序的皇帝策問、禮部出榜、儀仗送歸、刻碑題名，其中禮部所齎捧的榜文，是屬於皇帝敕撰的「黃榜」，題名記也是出自皇帝親筆御

〔註107〕《明世宗實錄》，卷一三六，頁6下～7上，嘉靖十一年三月乙亥條。
〔註108〕《解學士文集》，卷一〈獻太平十策〉，頁15上。
〔註109〕連啓元，〈金榜題名：仇英〈觀榜圖〉與明代科舉考試文化〉，《藝術欣賞》五卷二期，2009年4月，頁34～38。在明代科舉考試及格者，不僅可以分別授予京官、地方官，而唯有進士資格才能進入翰林院，進而重要的官職，於是形成科舉的流品與階級。「流品」，就是在科舉考試制度之下，進士被歸屬於上層的清流，秀才、舉人則歸類爲下層的雜流，也就是說取得進士之後，才有資格進入政府擔任重要官職，甚至進入內閣擔任首輔；反之，就只能成爲幕僚、師爺、塾師，甚至是充任小吏處理雜務，往後都很難進入官職系統擔任要職。
〔註110〕《明史》，卷六十九〈選舉志一‧學校〉，頁1677。

撰，這些都代表著朝廷對讀書士子的異常尊崇，此時士人的身份已由尋常百姓轉變成官員，更是天子門生，社會地位已不同以往〔註111〕。從國子監司業趙琬奏請修繕與保護題名碑文，可見其特殊之重要性：

> 左春坊左諭德管國子監司業事趙琬奏：「進士題名，立石大成門下，俾諸生出入皆得瞻仰，誠激勸後學之意。正統間移于太學門外，風雨飄淋，易於損壞，況上有列聖皇上字，乞勅工部造屋數間覆蓋，以圖經久。」從之。〔註112〕

進士題名碑既爲皇帝所親撰，自然寓有激勵後學之美意，因此明代歷朝於會試之後，先由禮部奏請，然後工部奉旨於國子監立石題名，遂成爲朝廷的舊例，其目的即是「以昭盛典，傳之永久」，若因事未及刻寫，則於事後補撰題名碑記（表 5-2）。〔註113〕

圖 5-3：科舉放榜圖

資料說明：此爲仇英〈觀榜圖〉，絹本設色畫，長 638 公分，寬 35 公分，現藏於臺北故宮博物院。畫中將傳統讀書人對於中舉的渴望與羨慕心態，表現得淋漓盡致，透過圖卷可以發現，應考讀書人在皇榜下觀看榜單的盛況，觀榜的人潮洶湧，有徒步、騎馬而來，或呼朋引伴，或童僕隨同。榜單下的擁擠人大多抬頭仰望，仔細尋找自己姓名是否出現在榜單，並相互詢問、討論起放榜的情形。

〔註111〕從會試的諸項程序，說明士人受到皇權無比的榮耀，而會試的程序與日期，自永樂時期以來已成定制，舉行時間皆在農曆三月初，程序則爲：皇帝策問、禮部出榜、儀仗送歸、刻碑題名，經過完整程序之後，代表者知識份子身份地位的轉變。詳見：明·不著撰人，《明代登科錄彙編》（臺北：臺灣學生書局，1969 年 12 月初版）。

〔註112〕《明英宗實錄》，卷二○四，頁 2 上～下，景泰二年五月壬寅條。

〔註113〕《明世宗實錄》，卷一○二，頁 7 上～下。嘉靖八年六月甲申條。《菽園雜記》，卷一，頁 1～2：「禮部奏請，命工部於國子監立石題名；朝廷或有事，則殿試移他日，謂之恩榮次第。」

表 5-2：永樂十年（1412）會試程序表

時　間	程　　　　　　序
3 月 1 日	諸貢士赴內府廷試，上御奉天殿親自策問。
3 月 4 日	文武百官具服侍班，上御奉天殿，鴻臚寺官傳制唱名，禮部官捧黃榜，鼓樂導引出長安門外張掛，應天府用傘蓋儀從，送狀元歸宅。
3 月 5 日	賜狀元等三名朝服官帶，並賜宴會同館，宴畢赴鴻臚寺習儀。
3 月 6 日	狀元率諸進士上表謝恩。
3 月 7 日	諸進士詣先師廟行釋菜禮。
3 月□日	工部奉旨於國子監立石題名。

註：本表據《永樂十年進士登科錄》，頁 4 下～5 上所製。

　　除朝廷所豎立的進士題名碑外，地方各級官府與學校也會豎立歷來鄉賢進士名錄等刻石，以激勵學子。成化初年溫州知府邵銅，將洪武庚戌科（洪武三年，1370）至成化乙酉科（成化元年，1465），歷來溫州府的鄉貢進士名錄刻石立碑，並置於府學明倫堂左側，期勉「異日賢才之出，芳聲偉烈，傳播無極，斯有以增重科目而大振士風。」〔註 114〕因此，中央朝廷或地方府州縣官，無論是設宴、張掛榜文，或是豎立題名碑等，其目的皆在於獎勵學術，激勵讀書學子參加科舉。

　　科舉既是士子跳脫平民身份，進入仕宦階級的主要途徑，朝廷站在拔擢人才與公平原則的立場，皆有其明文規範，除不得營私舞弊之外，最重要的則是考試文體的制定。明初規定凡歲貢生員科考必有其文體格式，不得擅自變易、標新立異。嘉靖以來，士人文章競相以文辭艱險奇僻為樂，以致於文句詭怪荒誕，士風漸趨頹喪，為此禮部奏請出榜曉諭，轉行各地提學御史、提學官，照依事理刊刻榜文，多方播告，凡會試文卷內有奇僻、荒誕詞句者，嚴加落黜〔註 115〕。夏言（1482～1548）更建議將正文體的禁令，於會試之期，張掛榜文於禮部及各處考場門首，使士人知所遵守。〔註 116〕

〔註 114〕金柏東主編，《溫州歷代碑刻集》（上海：上海社會科學院出版社，2002 年 12 月第一版），〈鄉貢進士題名碑〉，頁 105。
〔註 115〕明·張天復，《鳴玉堂稿》，《續修四庫全書》集部一三四八冊（上海：上海古籍出版社，1997 年月初版，據明萬曆八年陳文燭刻本景印），卷九〈題正文體咨〉，頁 3 上～6 下。
〔註 116〕明·夏言，《桂洲先生奏議》，《四庫全書存目叢書》史部六十冊（臺南：莊嚴

圖 5-4：明人眼中進士及第的風光形象

資料說明：取自《明代狀元考》圖版，描繪明人眼中取得進士資格後的風光形象，歷盡寒窗
苦讀之後，一旦取得進士資格，身旁隨即有人爭相執扇、敬賀，儼然足踏神龍之
上，凌空幻化騰起，榮耀非凡。

　　透過獎勵地方的學術活動，不僅刺激地方鄉里的讀書士氣，鼓勵參與科
舉考試，並藉由讀書風氣的倡導，提昇文化教育的品質，以造就國家所需之
人才，同時更能間接地轉化社會風氣，對於端正地方社會習俗，具有正面的
積極作用。

第三節　維護社會秩序

一、撫盜安民——招撫曉諭的施行

　　官府對於治理地方政務，除執行朝廷交付之各項行政命令，對於境內治
安的維護，則是施政重點之一。大致而言賊盜的形成，除少部分是悅惡無賴

　　　文化公司，1997 年 7 月初版，據明忠禮書院刻本景印），卷一〈請變文體定
　　　程式簡考官三事〉，頁 19 下。

之徒外，多數仍是因為困於衣食、阻於教化等現實環境所影響，而被迫成為賊盜〔註117〕。因此，官府若未能事先施行教化或禁約防範，一旦賊盜群聚而起，官府勢必採行強勢的態度予以彈壓，而弭盜的政策主要有二：即「招撫」與「剿滅」〔註118〕。對於剿撫政策之採取，官員站在不同立場互有爭辯，若完全採取武力剿滅盜賊，有些官員以為頗不適宜，認為有「用兵妄殺」之嫌〔註119〕，部分則認為若能善加撫諭盜賊，以賊兵代官兵，並用歸附之人，反而可以化阻力為助力，有助於維持地方治安的平靖〔註120〕。然而採取官兵征討的軍事行動，所需調動兵員、糧餉、器械無算，財政支出龐大，一旦征討失利，更是勞民傷財，所以採取招撫的手段，則可避免無謂的經濟、軍事損失。

　　官府對於境內盜賊的招撫，通常是採取公開發佈告示榜文的方式，有時則委派官員持招撫榜文進入盜賊勢力範圍，予以勸說招撫。官府的招撫基本上是善意表示，所發佈的告示榜文，更代表著權力的賦予與象徵，然而齎持告示榜文的官員或士紳，由於需要深入敵方村寨，基於雙方的敵對立場，不免引起怒罵叫囂、言詞恐嚇、或武力脅從，是具有極高的危險性與風險的任務。正德十五年（1516）三月，廣西彌勒州十八寨盜賊攻劫地方，朝廷遣官諭令招撫，廣西府即呈報各賊恃強不聽招撫的情形：

　　據把事段竜〔龍〕五、李文善呈，依蒙前去彌勒州著落土舍昂繼先、火頭楊義等，進法果等寨撫諭，各賊勢眾，不容入寨，口稱：「將你府州官吏，通把四五人當在我們寨上，我好陪贓，若要拏人，我每只要人多，半箇不與」等語，不肯領榜，不聽撫諭，及探得各寨強賊聚眾為惡，誠恐傷害，各役只得回還。〔註121〕

法果寨等強賊聚眾為惡，不僅不聽官府招撫，甚至出言恫嚇、挑釁，頗有與

〔註117〕戴順居，《明代的強盜案件──判牘中所反映的民間社會治安問題》（宜蘭：明史研究小組，2005 年 8 月初版），頁 71〜109。

〔註118〕《明代州縣政治體制研究》，頁 364〜370。

〔註119〕明‧盧維禎，《醒後續集》，《四庫全書存目叢書》集部一四九冊（臺南：莊嚴文化事業有限公司，1997 年 6 月初版，據明萬曆三十二年刻三十八年續刻本景印），卷一〈明亞中大夫湖廣布政使司右參政前翰林院編修儆庸林公行狀〉，頁 25 上。

〔註120〕明‧洪朝選，《洪芳洲公文集》（臺北：洪福增重印，1989 年 11 月），《洪芳洲先生摘稿》，卷二〈賀譚侯擢本郡海防二序〉，頁 42 上。

〔註121〕明‧何孟春，《何文簡疏議》，《文淵閣四庫全書》四二九冊，卷六〈議剿草賊疏〉，頁 44 上。

官軍一決生死之情勢，招撫官員見此情形，亦只能先行離開爲以防不虞，待日後再做謀劃。

除審慎評估情勢，做出正確的判斷之外，有時官員的膽氣與鎮靜態度，同樣是化險爲夷的利器。建州土賊葉顥作亂之時，林公武挺身持榜文前往曉諭招降，面對幾乎充滿殺機的險境之中，最後終能安然逃出虎口，所憑藉者即是一身無懼的膽識：

> 林公武，不知何許人也。建州土賊葉顥作亂，挺身持帛書往諭，賊怒，將殺之，以玟卜於神，曰：「陰陽勝兆皆死，必立乃免。」玟倒地，倚案而立。公武初無喜懼色，盜不敢害。〔註122〕

建州土賊面對前來招撫的林公武，事實上已經懷有殺害之心，而卜玟問神僅是種形式而已，儘管玉玟倚案而立的「神蹟」，讓土賊遲疑猶豫，但最重要的是林公武從容不迫的鎮定態度，震攝其欲加害之心。

此外，招撫的對象動輒盤據深山河泊，或遠僻邊疆，有時路途遙遠，甚至滿佈瘴癘之氣，對負責招撫官員而言，無疑又是一大挑戰。成化十八年（1482）閏八月雲南土官騷動，都察院副都御史程宗授命前往招撫，從八月七日授予勑諭符驗關防，即於二十九日啓程，至十月十八日抵雲南與會同各官策劃。十二月六日，偕同各官員由金齒過蒲縹驛，途經潞江，當地土著謂：「江水瘴氣可畏，將渡者必先飲食，否則病。」遂於當夜宿潞江驛，次日登高黎共山，山路巨石峭壁逾五十里，至龍江驛地因多瘴氣，未留宿而直行騰衝。騰衝曩罕弄、罕竻法等頭目出迎，亦有部分頭目心懷疑慮不肯前來。最後出騰衝，過鎮夷巡檢司，由南甸至干崖宣撫司駐營〔註123〕。招撫過程之中路途崎嶇艱險、土官態度猜疑，都替官員在招撫政策的執行上，增添許多未知的變數。

影響招撫政策的成效與結果，除了被招撫者的降服意願之外，有時更涉及到朝廷整個決策機關的一貫性與否，若是政策遭受質疑或變更時，招撫政策即易宣告失敗。天順三年（1459），廣東海寇黃于一、林烏鐵等聚眾爲亂，殺敗官軍，潮州府揭陽縣夏嶺等二十四村盡遭兵燹，村民皆被脅迫從賊，後賴潮州知府周宣處以奇計破之，但餘黨仍流竄各地。周宣認爲既以計策擒殺

〔註122〕《湧幢小品》，卷九〈諭賊卜玟〉，頁 12 下。
〔註123〕明·何喬新，《何文肅公文集》（臺北：偉文圖書公司，1976 年 5 月），卷二十〈都憲程公平蠻錄〉，頁 10 下～11 上。

盜魁，應即遣專人出榜張掛告示，以便招撫餘賊：

> 當道檄〔周〕宣捕賊，宣親督兵，據險箚〔紮〕營凡七所，與賊相
> 距四十餘日，擒殺渠魁，餘賊不敢出。宣謂盜魁既得，餘可撫而下
> 也，乃出榜令鄉儒陳驥等入賊中張掛，而自詣賊營撫諭，各賊皆釋
> 甲羅拜乞降，且訴從賊非本心，皆出於被脅不得已。因遍歷各村，
> 放回被擄男婦五十三名口，拘收大海船一百五十艘，撫過從良民一
> 千二百三十七戶。〔註124〕

整起事件平息之後，周宣卻因其他因素改調山西〔註125〕，繼任者對此事的後
續處理似有不當之處，以致夏嶺等二十四村又因海盜脅從，而復起為盜圍攻
縣治。官吏束手無策，惟有緊閉城門而已，鄉儒陳驥等懇請朝廷要求周宣回
任平盜，此後周宣以單騎親臨二十四村勸諭，方才又平息亂事。

　　相對於潮州知府周宣的招撫事件，馬中錫在招撫北直隸霸州賊的過程
中，更遭到朝廷的不支持態度，以致身死獄中。正德五年至七年（1510～1512）
之間，以劉六、劉七為首的霸州賊，糾眾流劫地方，由於同時並起者不在少
數，致使亂事遍及數省，規模甚大。由於霸州賊事變日趨嚴重，正德六年（1511）
七月朝廷遂依兵部所奏，以馬中錫為提督都御史，遣總兵官張偉等統領京營
人馬前往征討〔註126〕。馬中錫面對霸州賊之亂，擬議採取招撫之方針：

> 時馬中錫、張偉所領京營人馬，多不簡閱。中錫書生，欲效龔遂化
> 渤海事，招撫解散。張偉紈袴子，怯不能戰。中錫遍檄諸路，榜示：
> 「劉六等經過，所在官司不許捕獲，與供飲食，若聽撫，待以不死。」
> 劉六等聞之，所至不殺掠，然且信且疑。中錫至德州桑兒園駐兵，
> 單車從數卒直抵賊壘，開其自新。劉六等來謁，中錫開誠撫之。劉
> 六欲降，劉七曰：「今內臣主國，馬都堂能自踐其言乎？」遣使人至
> 京伺諸中貴，……求赦不得，遂益肆劫掠，眾至數萬。〔註127〕

〔註124〕明・郭棐纂修，《萬曆・廣東通志》，《四庫全書存目叢書》史部一九七～一九
　　　　八冊（臺南：莊嚴，1996年，據明萬曆三十年刻本影印），卷七十〈外志五〉，
　　　　頁57下。

〔註125〕明・過庭訓纂集，《明分省人物考》，《明代傳記叢刊》（臺北：明文書局，1991
　　　　年1月初版，據明刊本影印），卷七十五〈福建漳州府〉，頁7下：「宣以計招
　　　　捕平之，改山西太僕寺少卿。」一說周宣因受當道所猜忌而改調他處，見《萬
　　　　曆・廣東通志》，卷七十〈外志五〉，頁57下。

〔註126〕《明武宗實錄》，卷七十七，頁5下，正德六年秋七月甲子條。

〔註127〕《明史紀事本末》，卷四十五〈平河北盜〉，頁465～466。相似的記載另見於：

朝廷對馬中錫招撫之建議，多有持反對態度，如李東陽即憤然駁斥，即代表當時反對者的意見與看法〔註128〕。不過從招撫劉六、劉七的事件來看，馬中錫站在憐恤劉六「迫饑寒爲盜」的立場，而採取招撫的手段〔註129〕，甚至隻身直抵賊營親爲勸說，劉六等人爲其誠心所感而出營謁見，似有歸降之心，但因朝廷不肯接納招撫的態度而劫掠如故。此後盜賊經過馬中錫故鄉，因感念其情而戒令毋焚其家，致使流言謗起，謂馬中錫恐賊害己私家，所以玩寇殃民，馬中錫因此被糾劾下錦衣衛獄論死。《明史》論贊即認爲：「馬中錫雅負時望，而軍旅非其所長，適用取敗，然觀劉宸（按：即劉七）阻降之言，亦可以觀朝事矣。」〔註130〕從史料記載來看，對於劉六、劉七之亂的處置失當，時人多歸咎於馬中錫不諳軍事、玩寇殃民，但卻也適度反映出朝廷主政官員的立場態度不一，對於盜賊剿撫政策的不確定，致使盜賊日益肆虐爲亂，正是說明決策機關一貫性與否，決定政策能否順利執行的重要關鍵。

　　盜賊對於官府的招撫政策，通常懷有疑慮與戒心，深恐官府以此爲陷阱，誘其入彀而後殺之，因此對於接受官府的招降與否格外愼重。英宗正統年間（1436～1449）四川威州土官董敏、王允相互仇殺數年，朝廷屢命官員撫諭〔註131〕，而後朝廷遣周濟前往處置，周濟遂撰寫招撫榜文予以勸解：

> 公（周濟）曰：「朝廷本意欲安之撫之，不服然後加兵未晚也，吾不忍其肝腦塗地。」乃命人齎榜往。允沈思之，畫囻字於榜尾，命持還。眾不解其義，公曰：「此非難見，囻者誘命焉之謂也，意謂誘而殺之耳。」復釋此意，原以誠信。允大驚曰：「非凡御史！」即投服以馬數十，令子弟入貢贖罪。敏亦愧服，一方遂安。〔註132〕

　　　　《繼世紀聞》，卷四十五，頁95。
〔註128〕《玉堂叢語》，卷二〈籌策〉，頁59。
〔註129〕《明武宗實錄》，卷七十八，頁1下～2上，正德六年八月戊寅朔：「提督軍務總兵等官都御史馬中錫、張偉等奏，流賊劉寵、劉晨、楊虎、李隆等四十三人悔過自首，且言寵等先以犯罪，迫饑寒爲盜，罪惡雖不可原，然其初心不過避死。今既畏法悔罪，乞下廷臣議處，兵部以寵等果解甲赴軍門服罪，即准其自首，如或詐僞緩師，仍請會勘。乃復令中錫等審處以聞。寵、晨即劉六、劉七也。」
〔註130〕《明史》，卷一八七〈列傳〉，頁4969。
〔註131〕《明英宗實錄》，卷一二八，頁6下～7上，正統十年夏四月辛未條。據《實錄》記載：四川威州土官巡檢董敏與州人「王永」鬬殺，但《西園聞見錄》所載此事，則爲董敏與「王允」仇殺，兩處人名記載有異。
〔註132〕《西園聞見錄》，卷七十六〈兵部二十五・招撫〉，頁13上。

王允透過提出類似啞謎的考驗行為，並藉此來測試招撫官員的才幹與能力，是否足以擔當大任，不然一旦接受招撫之後，性命全繫於其手，若是官員臨時反悔，生命則就此葬送。這種心態反映出部分有意接受官府招撫的盜賊，其內心所抱持之疑慮，為此官員與受撫盜賊之間，不免展開一場場無形的鬥智考驗。

　　招撫政策需建立於雙方信任之上，若一方毀棄信用，招撫反而成為雙方詭詐的欺瞞手段。南京湖廣道御史陳堂，於條奏處置廣東賊寇等事時，即認為「撫之不可為剿，猶剿之不可為撫，以撫為剿，自有寇亂以來，官以啗賊，而賊即以此啗官」〔註133〕。嘉靖三十二年（1553），海寇汪直等大舉肆虐浙江沿海等地，胡宗憲（1512～1565）誘使汪直招降然後殺之，此殺降之舉，導致海寇對官府招撫的反感。萬曆元年（1573），兩廣總督殷石汀平定惠州、瓊州等地盜賊，餘黨林鳳率殘部出海，殷石汀為此移書詢問張居正，張居正即於信中答道：「我以招撫誘賊，而賊亦以招撫啗我，非計之得也」〔註134〕，說明官府在執行招撫政策之時，必須謹慎思考，而所謂的「招撫」，有時則轉變成官府與盜賊兩者之間，公開的智力較勁與欺瞞手段。

　　招撫政策固然不可完全依恃，但部分官員則提出：「招撫」是種分化的手段，強調以威勢、利誘，析化盜賊之團結意識，進而有利於弭平亂事。當江西盜賊變亂之際，費宏（1468～1535）曾勸巡撫任宗海招撫弋陽境內餘賊，以免其勢蔓延，其目的即在於使之相互猜疑：

> 竊意其中有名首惡不過數人，其餘悉出脅誘，未必無自新之意，第曉之或未詳明，當時所降黃榜旨意，亦坐不知首惡，主名未及指出，今宜指數，其尤惡者數人明白曉告，惟此數人不赦，自餘一無所問。或此數人能自相擒斬以獻，并赦其罪，則彼欲驅民以張勢，與助盜以為姦者，其心必相疑，其黨必自散，此兵家伐謀、伐交之策。〔註135〕

招撫之目的是透過謀劃，只擒殺首惡數人，其餘脅從者盡赦罪，只要盜賊內

〔註133〕《明神宗實錄》，卷三，頁33上，隆慶六年七月壬子條。

〔註134〕明·張居正，《張居正集》（湖北：荊楚書社，1987年9月第一版），卷十九〈答兩廣殷石汀計招海寇〉，頁502。

〔註135〕明·費宏，《太保費文憲公摘稿》（臺北：文海出版社，1970年3月，據明嘉靖三十四年江西刊本景印），卷十五〈與江西巡撫任公宗海書〉，頁3下～4上。

部分化，即會產生相疑、自散，甚至自相擒斬以獻的情形。王守仁更認爲：「招撫可偶行於無辜脅從之民，而不可常行於長惡怙終之寇；可一施於回心向化之徒，而不可屢行於隨招隨叛之黨。」〔註 136〕主要是著眼於劇寇往往憑藉官方招撫，作爲滋生事端之利器，所以招撫政策之施行，需判斷受招撫者是否爲無辜脅從、有心向善者，否則降而復叛，徒增地方困擾。

官府在採取以招撫手段降服盜賊之考量，主要在於避免因軍事行動，所造成無謂的經濟損失，另一方面則以威勢、利誘等手段，分化盜賊之團結意識，進而有利於弭平亂事。而招撫之時先必須張掛告示榜文，諭令免罪或解散，甚至還必須親自前往盜賊據點之內，以誠心與膽氣加以震攝，所以招撫政策之執行，具有相當高的風險性。然而榜文雖是權力賦予的代表，但受到朝廷、上級立場的可能改變，或盜賊對於招撫政策的不信任與猜疑等因素，皆影響政策執行的成功性。

二、緝捕盜賊——捕盜告示的發佈

對於逃犯的緝捕，依照行政層級與機關歸屬的差異，可分爲「中央欽提」與「地方拘捕」〔註 137〕。中央欽提是由錦衣校尉所負責，凡事涉政治案件或特殊情事，錦衣衛即持拘票緝捕犯人，所持之票據有駕帖、勘合、批文三種，以直接受命於皇帝旨意，故稱爲「欽提」。地方拘捕則由地方官府所發佈的通緝文告，這種告示稱爲「海捕文書」或「廣捕文書」，類似今日的通緝令，文告內容包含事件經過、人犯容貌、年歲等項，並張貼於各地府州縣要衝之處，若案情嚴重時，則上呈刑部交付都察院，京師交由巡城御史督察，京外地區則由撫按官所管轄，以便協同緝捕罪犯到案。〔註 138〕

官府發佈廣捕文書之目的，是爲緝捕罪犯到案，而廣捕文書除了用於張貼告示之外，另亦可作爲公文攜帶於官吏身上，以作爲緝捕罪犯的官方憑證。《二刻拍案驚奇》描述成化年間（1465～1487）南直隸徽州府富戶程朝奉，因被指爲姦殺之疑犯，官府本欲擬判爲強姦殺人問罪，但因疑點重重，又無行兇的器械，於是將程朝奉暫時收押在監，同時在官府四處查訪之後，也發現不少蛛絲馬跡，程朝奉聽聞之後，急欲洗刷自身冤屈，於是即請求王通判發佈廣捕文書，並說道：「有此疑端，便是小人生路，只求老爺與小人做主，

〔註 136〕 《王陽明全集》，卷九〈別錄一‧申明賞罰以勵人心疏〉，頁 308。
〔註 137〕 《明代的獄政管理：國家制度下的司法權力運作》，頁 159～170。
〔註 138〕 《明代審判制度》，頁 187。

出個廣捕文書，著落幾個應捕，四處尋訪。小人情願立個賞票，認出謝金就是。」為證明自身之清白，自願拿出銀兩作為賞格，以便四處尋訪真兇下落，早日緝捕到案〔註139〕。《喻世明言》以小說家的描寫，敘述沈鍊因不滿嚴嵩父子惡行，仗義執言奏劾嚴嵩，卻反遭誣陷入獄，並累及沈鍊長子沈襄，總督楊順為奉承嚴嵩，遂假稱沈襄為欽犯需押解至京師問罪，同時私下派心腹張千、李萬，密囑於途中殺害沈襄，詎料沈襄趁隙逃走，為此官府發出廣捕文書交付李萬，立限緝獲沈襄歸案〔註140〕，而李萬所攜帶的廣捕文書，不僅具有告示的性質，更是在追捕逃犯時，作為身分辨認的官方憑證。

　　京城為全國樞紐之地，同時也因人口眾多而混雜盜賊，有時還規定在京官吏軍民人等協助捕盜，甚至特別強化京師捕盜體系的運作，如成化四年（1468）正月即頒行條例，詔令除要求京城巡捕官兵嚴加戒備，更委由都察院出榜曉諭，凡京師官吏軍民之家，需輪流坐鋪提鈴巡警，以錦衣衛官校會同五城兵馬司，依照其轄區範圍分管各地，以便嚴行緝捕盜賊，並委由巡城御史通行提調，凡居民知情隱匿強盜或故意縱放者，一體重懲問罪〔註141〕。可見對於京師治安的警備工作，其組織相當的龐雜，從分別委由錦衣衛、五城兵馬司、巡城御史共同巡緝，即可知涵蓋三種不同行政系統。此次捕盜事件，更是以官方組織的緝捕為主，輔以民間地方的協同巡察，以期在官民合作之下，有效地遏止京師盜賊之肆虐。當京師地區發生賊盜或重大事故，其防備尤為嚴密，崇禎時期（1628～1644）原毛文龍營中之副總兵蘇有功，因叛逆之罪被押解至京師審問，途中趁隙脫逃，朝廷遂命五城兵馬司張貼告示懸賞，以期緝捕歸案：

　　　　蘇有功，毛文龍營中副總兵，原名毛有功。文龍死，東降，後被擒
　　　　解至京，在檻車中飲酒放歌若無人，及被旨處死，而其夜自演象所

〔註139〕明・凌濛初，《二刻拍案驚奇》（臺北：桂冠圖書公司，1992 年 2 月四版），
　　　　卷二十八〈程朝奉單遇無頭婦・王通判雙雪不明冤〉，頁 539～540。
〔註140〕《喻世明言》，卷四十〈沈小霞相會出師表〉，頁 653。根據馮夢龍記載，錦
　　　　衣衛經歷沈鍊因糾劾嚴嵩繫獄，並累及二子俱死，唯長子沈襄逃脫等情節，
　　　　最早由當時江進之所撰〈沈小霞妾傳〉而流傳開來，詳參見：明・馮夢龍，《智
　　　　囊補》，《四庫全書存目叢書》子部一三五冊（臺南：莊嚴文化事業公司，1997
　　　　年 6 月初版，據明積秀堂刻本景印），卷二十六〈閨智部・沈小霞妾〉，頁 22
　　　　下～24 上；譚正璧編，《三言兩拍資料》（上海：古籍出版社，1990 年 10 月
　　　　第一版），頁 223～227。
〔註141〕《訓讀吏文》，卷四〈曉諭錦衣衛巡捕強盜事〉，頁 270。

逃矣。究其故，乃解役于途中每夜放出說書，至是亦然，遂忘牧禁
而逃也。解役抵罪，五城及東司房出示懸賞，杳然無蹤。三月後，
於邊外得之，解京正法。〔註142〕

雖然京師守備嚴密，但蘇有功解送京師之後卻趁隙逃逸，為此五城兵馬司及
東司房雖隨即發佈緝捕告示，但仍無所獲，直至三個月之後，才由邊外緝捕
到案，然後押解京師正法。從蘇有功脫逃事例來看，即使如京師地區的守備
嚴密，仍不免發生逃犯緝捕不獲的情形。

　　既然要緝捕逃犯歸案，除給予逃犯自首期限的寬貸之外，對於官府的捕
盜行動，需限定追捕期限，《明律》規定緝捕官軍若能於事發之後，三十日之
內緝捕逃犯半數以上者免罪；若有知罪犯藏匿所在而不追捕，或受贓故縱
者，分別處以相關罪責〔註143〕。此外為強化緝捕盜賊的效率，除官方法定緝
捕人員之外，其餘如地方保甲、一般百姓等，有時亦可加入追捕行列，有
甚至設置賞格以茲鼓勵，若擒獲盜賊三名以上，則可授以散官，免除差役
〔註144〕。有些官府在追捕有關妖言事件時，即命令「所屬有司差役，齎文四
散編輯，務在必獲」〔註145〕，透過於各地四散告示文書，以期增加緝拿罪犯
的可能性。

　　官府若能適時提高追捕盜賊、逃犯的賞格金額，更能有效達到緝獲逃犯
的結果。弘治時期（1488～1505），山東鄆城知縣文森，因當地多盜賊，竟致
白晝公然行劫，遂廣置民兵，往來巡邏，「遇盜併力掄捕，而高懸賞格以勸勞
之，故盜出境內無脫者」〔註146〕，藉由以提高賞格的方式，有效緝捕罪犯到
案，減少對社會秩序的破壞。另外，嚴密劃分巡檢司所屬的巡緝範圍，廣為
發佈禁約告示，同樣是官府常用的捕盜政策。如林烴（1540～1616）在緝捕
私鹽逃犯的對策謀劃：

〔註142〕 清・楊士聰，《玉堂薈記》，《四庫全書存目叢書》子部二四四冊（臺南：莊嚴
　　　　文化事業有限公司，1997年版，據北京圖書館藏清鈔本景印），總頁523。
〔註143〕《明代律例彙編》，卷二十七〈刑律十・捕亡・應捕人追捕罪人〉，頁959。
〔註144〕 明・戴金等編，《皇明條法事類纂》，《中國珍稀法律典籍集成》乙編第二冊（北
　　　　京：科學出版社，1994年8月第一版），卷四十五〈刑部類・捕盜陞賞分別
　　　　應捕非應捕人並審編火甲〉，頁798。
〔註145〕 明・岳和聲，《餐微子集》，《明季史料集珍》（臺北：偉文出版社，1976年月
　　　　初版），卷四〈恭報擒獲妖首疏〉，頁23上。
〔註146〕 明・文徵明，《甫田集》（臺北：國立中央圖書館，1968年7月初版，據明嘉
　　　　靖原刊本景印），卷二十六〈先叔父中憲大夫都察院右僉都御史文公行狀〉，
　　　　頁24下。

> 今之計惟申明舊制，嚴爲禁約行各處巡捕巡司等衙門，多方緝捕。
> 南則謹於僊遊縣，北則嚴於黃崎鎮，與各該巡司給示曉諭地方，有
> 能捕或者，加以重賞。〔註147〕

爲緝捕私鹽遏止私犯，強化南北兩處的巡緝，南以僊遊縣，北以黃崎鎮，以
便嚴加緝捕。除以官府簽發牌票差遣衙役、地方弓兵追拘捕人犯外，有時亦
會藉由地方的里甲制度，會同里長勾攝人犯〔註148〕。王守仁總督兩廣時，以
八寨瑤賊攻劫地方鄉村多年，爲禍甚鉅，遂率領土官屢次征剿山寨，賊勢潰
敗，餘黨四處潛逃，除仍督率官兵搜捕之外，同時也發佈告示要求地方軍民
不可通謀藏匿，並協同擒捕逃賊：

> 爲此牌仰指揮程萬全，督率邊江所土官指揮黃祿、千戶黃瑞、百戶
> 凌顯等，各起集管下土兵人等，前去北三、思盧等處搜捕各賊。仍
> 行曉諭各良善向化村寨，務將逃躲各賊，盡數擒斬，以泄軍民之
> 憤，獲功解報，一體給賞。若是與賊通謀，容留隱蔽，訪究得出，
> 國憲難逃。……若猶疑貳觀望，意圖苟免，定行斬首示眾，斷不虛
> 言。〔註149〕

提高賞格與賞金自然能鼓勵官軍、民兵追捕盜賊的動機，官府更利用自首免
罪、指證同黨等減刑措施，以便增加破案的效率。弘治十六年（1503）七月，
江西按察司僉事任漢，更建議增加「強盜自首免罪」、「指引官兵提拿」等條
例，並由所司榜示各地：

> 江西按察司僉事任漢上地方事宜。一謂江西盜賊充斥，土豪大戶往
> 往窩藏分財，宜下所司榜示，強盜能自首免罪，能捕獲同伴或指引
> 官兵提拿者重賞，仍責府縣操練機兵、民快殺賊，且每村大戶內推
> 選一人，立爲團長，再于小戶內每二十家或十五家選一人，立爲保

〔註147〕明・林烴等修，《福建運司志》，《玄覽堂叢書》初輯（臺北：國立中央圖書館，
　　　　1982年6月臺初版，據明萬曆癸丑刊本景印），卷十四上〈規畫志・條議西
　　　　路〉，頁14上。
〔註148〕王昊，〈明代鄉里組織初探〉，《明史研究》第一輯，1991年9月，頁196；張
　　　　哲郎，〈明初的地方控制與里甲制〉，《食貨月刊》復刊十一卷一期，1981年4
　　　　月，頁3～18。里長之所以拘捕人犯，除了有保衛地方治安之外，另有其經
　　　　濟因素，若民戶因治安紊亂而大量遷移，則會造成地方稅源枯竭，因此爲
　　　　確保民戶生活安定，所以拘捕盜賊，維持地方安靖，同時成爲里長職責之所
　　　　在。
〔註149〕《王陽明全集》，卷十八〈別錄十・追捕逋賊〉，頁646。

長。遇賊入村劫掠，團保長統領壯丁救獲，其附近村落以次策應，
府縣巡捕官即聚兵追捕，有能禦賊獲原贓者倍賞，原贓以七分給主，
三分給賞之。若有被殺傷死者給銀十五兩，殯葬病者給銀五兩醫療，
大戶窩藏者處以極刑，全家徙化外，田產給拿賊有功之人，若團保
長縱村戶爲盜，坐以窩主罪名，本村住人亦連坐。〔註150〕

重賞強盜自首免罪、捕獲同伴或指引官兵提拿，其目的便是以厚利誘使盜賊
之間的分化，然後在輔以官兵圍剿、保甲連坐的政策，平息江西盜賊充斥的
情形。誘之以厚利，不僅可分化盜賊內部的團結，而且在利益驅使之下，更
使唆使盜賊倒戈投靠。如襄陽大盜劉千斤亂起，以劉長子、苗龍虎爲將，石
和尚爲謀主，聲勢猖獗，朝廷遣派官軍征討，其中有文總旗率兵前往征討，
途中突遇賊黨劉長子，相搏不勝被俘，劉長子原欲加以殺害，此時文總旗即
以厚利加以離間，曰：「榜急石和尚，汝無主名，汝能縛和尚獻軍門，陞賞有
榜例。」〔註151〕利用官府捕盜告示之中，只開列石和尚而無劉長子之名，藉
此分化並利誘之，最後終於誘使劉長子擒拿石和尚至軍營。可見適時採用厚
利離間的手段，有助於擒捕盜賊的功效。

　　盜賊或逃犯緝捕到案之後，官府同樣會張貼告示通知百姓，免除其心理
上的威脅。楊一清（1454～1530）督理陝西政務，於擒獲寧夏逆賊之後，隨
即張掛榜文，以免地方民心驚疑：

訪得寧夏叛逆首惡周昂、何錦等，已就擒戮。蓋由皇上神武布昭，
威德遠被，不待加兵，地方底定，誠宗社萬億年無疆之休也。臣切
恐大變之後，人心驚疑，或有潛入套中，遁往山後，勾引虜賊，重
爲後患。已〔經〕出給榜文，差官星馳齎往彼處地方張掛，奉宣朝
廷德意，曉諭四衛官軍人等：除有名首惡不宥外，其餘脅從之徒，
已有節奉詔勑宥免恩例，各安職役，照舊生理，無懷驚疑。各該部
領官員，務要加意撫恤，不許聽人讎攀誣指，濫及無辜。〔註152〕

由於地方動亂甚鉅，寧夏地區的盜賊雖已陸續擒獲正法，百姓未必知曉官軍
捷報的消息，因此遣派官員於各地張掛榜文告示，並對脅從者善加撫恤，以
安定民心。有時被盜賊擄掠至山寨的良民子女，若官軍有奪回或尋獲者，還

〔註150〕《明孝宗實錄》，卷二○一，頁7下，弘治十六年七月丙戌條。
〔註151〕明・鄭曉，《今言》（北京：中華書局，1984年5月第一版），卷三，頁121。
〔註152〕《楊一清集》，《關中奏疏》，卷十〈後總制類・爲邊務事〉，頁335～336。

需轉發至所司照名登記，以便親屬領回，並發佈告示通行地方軍民及兵將知悉〔註153〕，其目的皆在於安定民心士氣。

雖然廣發緝捕的告示文書，可以增加緝拿盜賊的成功機率，但有些狡猾之輩，仍舊費盡心機使用各種方法，企圖逍遙法外。明初應天府溧陽縣的皀隸潘富，爲躲避官府追緝而輾轉潛逃，然而在逃亡途中，所過州縣竟有一百餘戶民家幫助藏匿，且殺傷追捕者數人，以致明太祖無比震怒，竟將沿途遞送者一百七戶盡行梟首，抄沒其家〔註154〕。以一百餘戶民家協助隱匿逃犯的情形而言，此事件堪稱詭譎怪異，姑且不論這些民家對於逃犯身份是否知情，但事件中隱含著百姓對朝廷官方不合作心態，更暴露出官府緝捕效率之低落，於是明太祖爲此相當震怒，並採行一貫的「酷刑」手段嚴懲，將這些隱匿犯罪者誅殺以儆效尤，表露出君王以個人好惡爲量刑標準，以及刑罰濫用的情形嚴重〔註155〕。逃犯潛藏於民家之中，確實造成官府緝捕行動時的困難，吳文華指出潮州府程鄉盜賊爲亂之時，即「聚則于於爲盜，散則同于平民，追逐則易藏匿，行剿未免濫及」〔註156〕，顯示逃犯混雜於平民之中，使得在於維持治安與擾民兩者之間，官府執行上動輒得咎的窘境，同時也更增加緝捕罪犯的困難性。

除輾轉逃避官府追緝之外，有些膽大妄爲的逃犯，更採用變換姓名、假冒官員等方式，仍舊繼續爲非作歹，完全無視官府的追捕行動〔註157〕。甚至還利用幻術、巫術等手段，潛逃至各地藏匿：

> 文安有張柱兄弟，信一僧行妖術，夢見其狀貌，以爲神異，尊奉之，
> 舉家婦女悉爲淫惑。既而恐事發覺，復以術使張自殺一家。官捕之
> 急，爲首僧竟逃去，至榜天下求之，不能得。〔註158〕

此外嘉靖末年徽州人羅龍文，曾幫助胡宗憲平定倭寇，但因交結嚴世蕃，於嚴世蕃失勢之後被牽連入獄，卻於遣戍途中與其子一同逃亡，此後各地方雖屢奉旨嚴行緝捕，但仍然讓其逍遙法外。〔註159〕

〔註153〕《兵政紀略》，卷五〈嶺西經略‧禁約釋放被擄示〉，頁8上～9上。
〔註154〕《御制大誥三編》，〈遞送潘富第十八〉，頁222～223。
〔註155〕《明大誥研究》，頁76～79。
〔註156〕明‧吳文華，《濟美堂集》，《四庫全書存目叢書》集部一三一冊（臺南：莊嚴文化事業，1997年6月初版），卷四〈內閣〉，頁21上。
〔註157〕《明武宗實錄》，卷一三八，頁6上，正德十一年六月丙子條。
〔註158〕明‧葉權，《賢博編》（北京：中華書局，1987年8月第一版），頁15。
〔註159〕《萬曆野獲編》，卷十八〈刑部‧劇賊遁免〉，頁472。

圖 5-5：萬曆時期吳縣緝捕批文

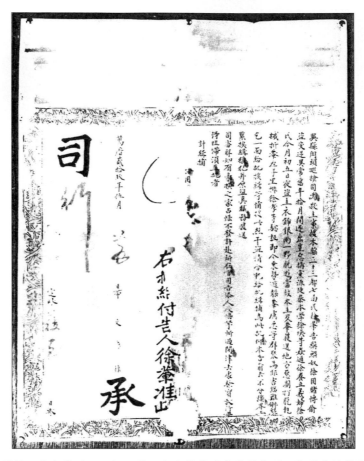

資料說明：萬曆二十九年（1601）五月，南直隸蘇州府吳縣角頭巡檢司為緝捕罪犯徐用，所發給的官方正式批文。

　　捕盜告示發佈之後，除一般鄉里百姓會群聚圍觀之外，有時盜賊也會潛出查探消息，其目的在於知悉官府的動態，然後謀劃如何應對之策。《皇明諸司公案傳》曾記載曹州人趙夔與其父赴京，行至鳳陽府途中，被強盜十餘人攔路劫財，趙夔雖倖免於難，但其父卻被強盜所殺害，行李財物盡被劫奪而去。次日趙夔查訪盜賊所在之後隨即報官，當地許知府見訴狀內狀告盜賊三十餘人，但鑑於無贓物實證，難以將群盜緝捕入罪，於是佯裝審定趙夔誣告之罪，並將趙夔監禁獄中，以鬆懈盜賊防備之心；另遣刑房吏撰寫告示，張掛於鳳陽府等處，曉諭盜賊前來到官自首，以便減輕刑責。此告示一出，果然引起群盜內心的猜忌與焦慮：

此示一出，群盜見之皆心自揣曰：「想趙吏父被殺，行李被劫，心中不甘，故訪問地方之時，必以我輩名報之，彼故盡知眾賊名姓也。今太府有此開豁告示，宜早出訴之。」由是慣盜宣啞、郁周、蒲服等十餘人相繼出訴。又有貢金者，時前日劫趙變之賊首，心下亦疑曰：「我素得地方憎嫉，想我名亦必報去，須要去訴。」……許太府見諸訴狀，心中喜曰：「此皆是□□自生猜疑而來訴也。」
〔註160〕

許知府張掛告示的目的，即是欲使群盜之間自相猜疑，然後爭先出首並追回贓物，於是人證、贓物俱在，遂將群盜繩之以法。可見盜賊在犯案之後，也會特別察看官方所發佈的告示，藉以瞭解官府的動態，然後謀劃如何應對，正因爲盜賊有此習性，許知府才能將計就計，誘使盜賊落入圈套之中，再利用群盜之間的自相猜疑，而將整起劫盜案件圓滿偵破。因此，以官府出示榜文誘使盜賊觀看，最常使用於群盜作案的事例，其目的主要有二：一是以自首免罪誘使盜賊防備之心鬆懈或相互猜忌，一是散佈假消息而使盜賊做出錯誤的判斷，以便將整個罪犯集團繩之以法。〔註161〕

　　對於地方治安的維護，是確保地方社會穩定發展的關鍵，因此官府莫不以維護地方秩序爲要務。地方盜賊在聚集發生事變之初，官府即應予以有效控制，不當使其蔓延擴大，否則將因小患而釀成大禍，相較之下地方盜賊之患甚於邊防夷狄之禍〔註162〕，所以無論是盜賊的弭平或招撫，都反映出地方官府對社會秩序維護與控制的重要性。

〔註160〕明·余象斗編述，《皇明諸司公案傳》，《古本小說叢刊》第六輯（北京：中華書局，1990 年月第一版，據明萬曆三台館余氏刊本景印），〈許太守計獲餘盜〉，頁 1872～1873。

〔註161〕這種緝捕盜賊的策略運用，亦可見於廣陵縣柳太守在面對境內群盜劫掠富戶之時，即張貼榜文以自首免罪的承諾，誘使盜賊之間心生猜疑，遂有同黨逕赴官府自首，然後再加以反覆審訊、逼問，終於得出餘黨所在，一舉擒獲作案盜賊三十餘人。參見：《皇明諸司公案傳》，〈柳太尹設榜捕盜〉，頁 1861～1867。

〔註162〕此種論調的提出，以田藝衡之看法最具代表性，所謂「邊方則有夷狄，內地則有盜賊，夷狄手足之疾，盜賊腹心之患，小賊不止必爲大盜，大盜不止其禍尤甚於夷狄」，將地方盜賊稱爲心腹之患，所以必須趁其爲勢力薄弱時，及時加以處置，以免日後釀成大患，藉以強調地方官府對社會秩序維護的重要性。明·田藝衡，《留青日札》，《四庫全書存目叢書》子部一○五冊（濟南：齊魯書社，1996 年 6 月初版，據明萬曆三十七年徐懋升重刻本景印），卷三十七〈非武備〉，頁 10 下～11 上。

圖 5-6：群盜圍觀告示圖

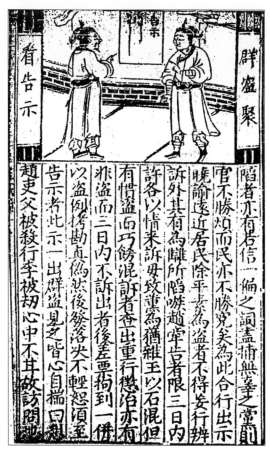

資料說明：取自明萬曆三台館余氏刊本《皇明諸司公案傳》〈許太守計獲餘盜〉，許知府為誘
　　　　捕群盜，假意將原告趙燮監禁獄中，並遣刑房吏撰寫告示張掛各地，此舉果然促
　　　　使群盜圍觀告示，並造成群盜內部之間的猜忌與焦慮，同時藉此散佈假消息而使
　　　　盜賊做出錯誤的判斷，以便將其繩之以法。

第四節　傳遞戰訊軍情

一、示警備禦──察探敵情與防諜

　　相對於一般行政命令的公開性質，軍情訊息的傳遞，有時因考慮到機密因
素而採取保密原則，大多經由邸報或塘報發送，無法完全公開內容〔註163〕。

〔註163〕關於明代塘報的軍情傳遞研究，請參見：馬楚堅，〈明代塘報的創生及其編
　　　　制〉，《明清邊政與治亂》（天津：天津人民出版社，1994 年 8 月第一版），頁

明代對於邊防守備與刺探敵情，洪武二十六年（1393）即設有烽堠制度，於煙墩之處設立守堠夫輪流瞭望，凡遇有緊急情形畫則舉煙，夜則舉火，以便接遞通報軍情，使官軍防守有據，以保邊境安寧無虞〔註164〕。此外，如邊牆、墩堡等防禦設施的損壞情形，則透過邊境營哨官軍的往來巡察，以便呈報相關的軍情資訊〔註165〕。除邊境烽堠制度的警示、傳遞軍情等作用之外，明代更針對情報取得的重要性，設立專責的偵防體制——「夜不收軍」，其任務即是在於探查敵情，彙整後傳報所屬營堡軍鎮，以作官軍戰守之依據。〔註166〕

　　北元為明初擊退元代所殘餘的蒙古勢力，其中兀良哈三衛原為明廷所招撫，之後因也先勢力的崛起，復以明廷邊將的恣意凌虐戕害，致使兀良哈衛其依附也先勢力。景泰四年（1453）十月，葉盛奏稱近來兀良哈等衛殘部，多有不堪也先欺凌，故而潛逃至沿邊居住，葉盛鑑於其精悍驍勇，遂建議招撫安置，利用其戰鬥能力強化邊防守衛，並奏請降發召降榜文，刻成木榜放置於境外，每面分別書寫漢字、夷字，將榜文於離墩三、四十里之外，有水草去處安放，以便勸諭殘部來降〔註167〕。藉由軍方所發佈召降榜文，不僅可以誘使並收編兀良哈等衛殘部，以充實明代邊防的軍力，同時更可獲知也先內部虛實，為邊防軍事行動提供有益的計畫擬定。

　　對於邊關的巡察不僅守衛嚴密，有時還需會同相關官員協同負責，楊一清在巡撫陝西時因擒獲邊境奸細李馬目、朵兒只等人，暴露出邊境關防鬆懈的缺失，於是奏報兵部發佈榜文禁約，以便嚴加查緝盤問：

58～89。

〔註164〕《大明會典》，卷一三二〈兵部十五‧鎮戍七〉，頁1上～下。

〔註165〕明‧倪岳，《清谿漫稿》（臺北：國家圖書館善本室藏明正德八年徽郡守熊世芳刊本），卷十二〈為邊方災異事〉，頁16上～21下。

〔註166〕所謂也夜不收軍，是指軍中探聽賊中動靜消息，與專緊急傳令之人，其任務在於偵察敵情與傳遞軍情，類似查探性質的軍事單位編制，早在宋代已經出現，而明代則是較具制度化。整體而言，夜不收軍在軍事體系中具有情報取得、預警等重要作用，藉由夜不收軍迅速而精確的傳報軍情，使部隊能適度調動，以發會最大的作戰能力。詳見：明‧葉盛，《水東日記》（北京：中華書局，1997年12月），卷三十一〈緝事軍〉，頁313；川越泰博，〈明代北邊の「夜不收」について〉，《中央大学文学部史学科紀要》第四十六號，2001年2月；林為楷，〈明代偵防體制中的夜不收軍〉，《明史研究專刊》第十三期，2002年3月。

〔註167〕明‧葉盛，《葉文莊公奏疏》，《四庫全書存目叢書》史部五十八冊（濟南：齊魯書社，1995年9月第一版，據明崇禎四年葉重華刻本景印），《邊奏存藁》，卷三〈撫服殘寇事宜疏〉，頁6上～下。

合無行移各該邊關巡撫都御史、巡按、巡關御史，各要竊密訪察，
出榜禁約。今後地方巡捕并守關人員，但係一應可疑及乞丐、僧
道人等，務要多方盤詰，遇有異言異服，來歷不明，即便擒挐。審
係奸細，呈送合干上司，問擬具奏。敢有怠慢故縱，事發一體追
究。〔註168〕

楊一清認為敵方偵察的探哨，是提供有利訊息給入寇的達賊，因此兵部曾奏
請「官軍生擒達賊一人，該陞二級」的軍令，即是注重嚴防間諜竊取情報的
嚴重性；若知情不報、藏匿奸細，或是關隘失於察覺，則從重量刑問罪。軍
事情報既有高度機的密性，因此提供軍情者多能獲得重利，有時軍官也會受
利益誘惑而藉職務之便，洩漏、販售情報以獲得取利，天啟元年（1621）四
月提塘官劉保，以每月一百兩銀為代價，負責洩漏傳送邸報、往來機要書信
通敵，後為巡視中城御史梁之棟所查獲，處以謀反大逆之罪〔註169〕。從官方
藉由榜文禁約的發佈，申明擒獲奸細的相關賞罰措施，說明邊防官軍若未能
有效防範間諜的滲入，作好確實巡察的防備工作，將會造成達賊入寇內地的
重大損失。

　　有時不經意的談話與舉動，也會在無意間洩露軍事機密。成化元年（1465）
二月，都察院右僉都御史韓雍（1422～1478）巡撫兩廣地區時，鑑於當地軍
民與苗人交易頻繁，卻往往於言談之中，不小心透漏相關的軍事消息，於是
奉敕下令出榜嚴加禁約：

一、兩廣軍人民等，多有興販魚鹽等物，進入徭峒買賣，因而走透
消息，深為未便。爾須出榜嚴加禁約，違反者處以死罪。〔註170〕

雖然軍民在與苗人買賣交易時，未必是故意透露軍事機密，但是言談之間稍
有不慎，則為有心者所刺探而獲得相關的軍情，因此下令出榜嚴加禁約，要
求軍民謹慎注意言行舉止。

　　除軍情機密的洩漏，不實流言的散佈，更是官方禁約之首要事務。內江
知縣繆沅因縣境之內流賊肆虐，除軍民合力抵禦之外，更嚴防不實的流言煽
惑，並張貼告示曉諭百姓：「流賊內竄，將士襟紳合力禦敵，凡居鄉村者亟入
城躲避，並申誡勿造流言煽惑、私自遠行，違者視為奸細、叛民，以軍法從

〔註168〕《楊一清集》，《關中奏疏》，卷四〈巡撫類・為捉獲奸細賞罰事〉，頁133。
〔註169〕《明熹宗實錄》，卷九，頁33上，天啟元年四月庚子條。
〔註170〕明・應檟修、劉堯誨重修，《蒼梧總督軍門志》（臺北：臺灣學生書局，1970
年12月初版，據萬曆九年廣東布政司刊本景印），卷二〈制勅〉，頁7上。

重處刑。」〔註171〕太和縣在歷經流寇肆虐，經官軍征討之後，本應著手於休養生息，但卻有不肖縣民散佈訛言，欲使居民驚散疑惑，然後趁機劫擄財物，太和縣官府遂發佈告示嚴禁，以嚴刑懲治不肖人等，並安定地方民心〔註172〕。正因為當時的情勢危急，訊息來源的真實性不易證實，倘有隻字片語或流言的誤傳，都將會造成民心士氣的動搖，所以對於各項訊息的傳遞情形，官府勢必嚴加控制與管理。

　　軍事的防備包含兵員徵集與防禦工事兩大要件。明代國家防衛力量是以衛所軍為主，當情勢危殆或兵員不足之時，有時則以募兵的方式因應燃眉之危。正統十四年（1449），明廷遭遇蒙古瓦剌勢力的入侵，釀成土木堡事變之後，也先挾英宗為人質直驅京師，此時朝廷除外患進逼，內憂更是峰起不斷，此時中央政府頓時陷入空前危機之中，甚至有官員提出遷都的建議。當時惟有仰賴于謙（1398～1457）緊急徵調全國兵力移衛北京，情勢甚為危殆，而此時真定、河南等地皆有盜賊趁機出沒，但此時全國軍力幾盡覆於土木堡，除防備京師之外，剩餘兵力已不足平盜，于謙遂請兵部出榜募兵敉盜，並由指揮范信負責，於沿途張示禁約榜文，遂募得兵勇以平盜亂，人馬得以通行無阻。〔註173〕

　　國防邊境地區除大量兵員駐紮，對於軍糧龐大的供應支出，若以招商或轉運至邊地或的方式，所需負擔的經濟支出頗為可觀，因此戶部尚書梁材建議仿照募民以充實塞下之法，出榜招募附近隴右、關西之民，專職負責屯種的工作，如此不僅軍隊糧食供應問題暫時得到舒緩，而將士更能專心於訓練、征戰之責。〔註174〕

　　當衛所軍守備地方的機制被破壞後，取而代之的是鎮戍或營兵制的軍事體制〔註175〕，相較於北方邊防軍隊的大量駐紮，腹里地方秩序的維護則除了

〔註171〕明‧繆沅，《登陴紀略》，《中國史學叢書》第三編（臺北：臺灣學生書局，1986
　　　　年6月初版，據國立中央圖書館藏明崇禎間刊本影印），〈涖盟‧告示〉，頁3
　　　　上～下。
〔註172〕《太和縣禦寇始末》，卷下〈告示五‧禁訛安民〉，頁95。
〔註173〕明‧許浩，《復齋日記》，《四庫全書存目叢書》子部一〇五冊（濟南：齊魯書
　　　　社，1996年6月初版，據明歷代小史本景印），頁9下～10上。
〔註174〕明‧梁材，《梁端肅公奏議》，《皇明經世文編》（三）（北京：中華書局，1962
　　　　年6月第一版），〈會議王祿軍糧及內府收納疏〉，頁9上。
〔註175〕蔡嘉麟，〈明代的南贛參將──兼論南贛地區的軍事防禦體制〉，《明史研究專
　　　　刊》第十三期，2002年3月，頁39～41。

衛所或營兵等軍事單位之外，另有巡檢司弓兵與官府民兵協同防禦地方。然而當官府民兵戰鬥能力日漸低落、不堪作戰之時，地方鄉里爲求自保，於是在地方領導階層的組織與訓練之下，建立地方鄉兵的的防衛部隊，以負責保護鄉村安全〔註 176〕。明代鄉兵之構成，有團練、義民、宗法武裝等型態，鄉兵編伍仍有一定的體制，以不妨農務爲原則，閒暇之時加以訓練，達到保護鄉里、爲持地方安定之作用，其作戰能力比民兵更強〔註 177〕。鄉兵雖是地方自發性組織，事實上仍需委由官府約束，福建泉州府同安縣因沿岸海寇騷擾，官府遂張貼告示，曉諭沿海居民組織爲鄉兵：

> 示諭通縣邨及沿海居民，即便依照保甲，每戶各備堅利器械一件，仍各就保內推舉智勇武藝一人，統率團練，殷富之家，量給鄉兵糧食，以示鼓舞。倘海賊登岸，即便協力擊殺，此皆爾民自衛身家至計，果能擊殺真賊，及生擒賊夥，本縣定照依院道明文，申請給賞，有功首人另詳請給冠帶，決不沒爾等功勞也，特示。〔註 178〕

有些官府爲避免百姓因不諳武技，缺乏膽氣，望見海賊登岸即各自奔逃，以致身家離散，遂建議由保甲之中編列團練，以便協同禦敵。盧象昇（1600～1638）撫鄖之時，鑑於當地流群聚，雖被官軍殄滅，但殘餘賊黨竄逃深山，零星出沒，不時焚掠，致使居民不得安寧。因此鼓練地方鄉兵之建議，便在於爲長治久安之計：

> 合行設法鼓練鄉勇，以爲固圉安民長久之策，爲此牌仰分巡守下荆南道官吏，即使照牌事理，行府嚴督州縣官，各將所屬地方，如某山莊、某鄉村，大約周迴五六里，多則十里之內，通計居民若干，內中壯丁若干，聽其公舉有身家，有勇略，素行服眾者一人，給以練兵千把總箚付。再公舉有膽力，有武藝者二人，立爲鄉兵，各於就近處所便宜團練。……通限半月之內，將各屬地方義勇鄉兵備造清冊報院，以憑給箚。該道仍大書刊示，遍行張掛曉諭，設誠而力行之。需至牌者。〔註 179〕

爲達到訓練地方鄉勇以抵禦流賊肆虐，盧象昇勸諭地方鄉民能自願加入鄉兵

〔註 176〕王賢德，《明末鄉村自衛之研究》（高雄：復文圖書出版社，1992 年 1 月初版），頁 56。
〔註 177〕陳寶良，〈明代的民兵與鄉兵〉，《中國史研究》，1994 年一期，頁 85～89。
〔註 178〕《靖海紀略》，卷四〈團練鄉兵初示〉，頁 51。
〔註 179〕《盧象昇疏牘》，卷三〈撫鄖公牘・鼓練鄉勇〉，頁 64。

組織，並由官府協助辦理，另設立教頭負責統籌訓練鄉兵，同時明定殺賊賞格以激勵民心士氣。

關於軍事上的防禦工事修築，是以城牆、營堡爲主。爲嚴防北方蒙古勢力不時的侵擾，朝廷即嚴令遼東等地衛所整飭兵馬，並修理坍塌壕牆與營堡，增築沿牆離地三尺，調撥官軍隨時防護，以免失誤軍機〔註180〕。堡寨、城堡既以保障軍民安全，除邊防要塞之外，腹里各地險要之處，也必須隨時詳加巡察，吳亮在整頓地方防務時，發佈禁約要求所屬相關官員，徹底清查所轄城堡損壞情形，凡屬爲年久失修或傾圮者，則需造冊呈報有司，以便限期修繕〔註181〕。在守備城牆之時，不僅告諭官軍民兵分守各城門，並詳加規定守城器械、兵器之使用，隨時委官巡視查察，以便嚴守城垣禦敵。〔註182〕

二、誘敵召降──告示宣傳的攻防

告示的宣傳效用在於穩定民心，當戰事發生之際，其宣傳功效即等同於檄文，一旦兩軍對峙或攻城掠地時，若能適時散佈告示傳達訊息，即可有效減少抵抗，降低軍隊傷亡程度。明太祖既下采石磯，趨往太平，李善長即事先預書榜文，攻下城池之後，即將安民榜文揭之通衢，軍士遂肅然無犯，居民乃得安心〔註183〕。另外，在平定宣州、婺州之後，更書押大榜招安鄉村，並曉諭百姓交納糧草供給，謂之「寨糧」，後因常遇春奏請此舉害民而廢除〔註184〕。可見將告示榜文用於軍情傳遞、安定民心等文宣作用方面，在明代初期已被普遍使用。

越南古稱交阯、安南，爲中國南方邊境重要國家之一，其國家制度與生活習慣深受中華文化影響。明朝肇建之初，當時的安南曾奉表來朝，並敕封爲安南國王，其後雖偶有外交紛爭，但因明朝以北方蒙古爲國防重心所在，因此對南海諸國列入爲「不征諸夷」的外交政策，彼此相安無事，至永樂時期方才將安南收歸版圖，設置郡縣並遣官員治理其地〔註185〕。永樂初年安南

〔註180〕《訓讀吏文》，卷四〈達賊近邊隄備事〉，頁238。

〔註181〕明・吳亮，《止圜集》（臺北：漢學資料中心景照明天啓元年刊本），卷二十四〈憲約・爲摘要約以便遵守事〉，頁8下～9上。

〔註182〕《登陴紀略》，〈訓練・臨警告示〉，頁5上～7上。

〔註183〕《明史》，卷一二七〈列傳第十五・李善長〉，頁3770。

〔註184〕明・劉辰，《國初事蹟》，《叢書集成新編》一一九冊（臺北：新文豐出版社，1985年），頁5上。

〔註185〕明初雖將安南列爲「不征諸夷」的國家之一，但至永樂初年安南國相黎季犛

國相黎季犛竊權篡立，至永樂四年（1406）七月，朝廷始遣軍征討黎季犛，同年六月將安南納入疆域版圖，設置交阯並以三司統轄其地〔註186〕。黃福（1363～1440）曾於永樂時期掌理交阯布政、按察二司事，治理交阯長達十九年之久，仁宗即位後召還，當時交阯人民號泣而不忍送別，繼任的官員則因過度橫徵暴歛，屢次激怒交阯人民，引起劇烈的反抗。宣德元年（1426）中官馬騏藉口以採辦爲名，大肆搜索境內珍寶，致使當地的民情激憤，最後在黎利的率領下，群起反抗明朝，因當地官府無力禁止，於是屢次乞請黃福前往弭平亂事〔註187〕，宣德二年（1427）春，黃福受命到任交阯後，即先張掛招撫交趾人民的榜文加以勸誘：

> 好生之仁，俾利不待血刃而來降，民不勞傳檄而安堵，不審爾官爾民曾以予心爲心否乎？然過貴乎改，改則過無，而福至惡不可稔，稔則惡成，而禍隨之，官民見此榜文即同面諭，爲兵而屯聚者即散選□，避亂而流離者即回復業，本處官吏、耆里、首領官即將還鄉復業，帥里分人名具數呈來給給憑，照回安居樂業，有司不許搜罪，官軍不許諸人擒來治以重罪。〔註188〕

榜文中細數黎季犛如何的篡逆無道，在明廷討伐之後，如何設官撫卹交趾地區人民，因此勸諭交趾人民，不應當追隨黎利之輩起兵爲亂，倘若不得已或被脅迫者，榜文刊布後隨即解散復業，官府仍舊撫卹照顧。一般而言，官方招撫榜文內容，大體強調免罪、賞賜的策略，即自首無罪，既往不咎；若能率軍來降或擒獲首惡，則賞賜金銀、官爵。採取如此利誘的手段，雖未必眞能誘使敵方來降，尙能加以分化敵方的團結與士氣，也就是何良俊（1506～1573）所認爲：「縱不能致其必來，但此諭一布，敵人攜貳，必不得深信內地

<hr>

篡位，並時常興兵侵擾明朝邊境州縣，致使永樂帝出兵征討，而後設置交趾布政使司。至宣德二年（1427），以交趾境內紛亂頻繁，宣德帝遂詔命棄守其地，放棄對安南的統治，自此之後遂成爲藩屬與宗主國的關係。關於安南與明朝的文化互動與政治關係，詳參見：呂士朋，〈明代之中越關係〉，《東海圖書館學報》第十一期，1972年6月；張秀民，《中越關係史論文集》（臺北：文史哲出版社，1992年3月初版）；鄭永常，《征戰與棄守：明代中越關係研究》（臺南：成功大學出版組，1998年5月初版）。

〔註186〕《明史》，卷二○九〈列傳・外國二・安南〉，頁8315～8309。

〔註187〕《明宣宗實錄》，卷二十三，頁1下～2上，宣德元年十二月辛酉條。

〔註188〕明・黃福，《黃忠宣公文集》，《四庫全書存目叢書》集部二十七冊（臺南：莊嚴文化事業有限公司，1996年版，據明嘉靖馮時雍刻本景印），卷八〈招撫交人榜文〉，頁2下～3上。

之人」〔註189〕，使變亂者產生疑慮，進而削弱其勢力之發展。

官府招撫的勸誘，若能招降敵方將領，然後適時謀劃反間，更能扭轉戰局的劣勢。成化四年（1468）陝西固原土達滿俊糾眾起事，據石城以拒官軍，朝廷遣總兵官寧遠伯任壽等，會同巡按三司等官設法勘定〔註190〕，後改以都御史項忠總督軍務，發陝西三邊官軍五萬人往討，並擢大理卿馬文升（1426～1510）為都御史，巡撫陝西協同剿賊〔註191〕。項忠見戰局僵持不下，即廣發告示勸諭脅從者來降，當時恰巧擒獲黨徒楊虎貍，項忠遂趁勢招降並採用離間之策，允諾許以不死之恩，另賜金鉤以結其心，楊虎貍亦刮刀相誓，於是令其為內應，待機而動，最後終得以討平滿俊。史籍即稱許：「金鉤賜虎貍，刮刀誓賞格，數月之內，俘獻京師，功垂竹帛。」〔註192〕正說明官方招撫納降處置得宜，適時分化勢力之功效。

在招降的告示榜文內容，除了採取免罪、賞賜的守勢策略，有時則優勢的軍力加以威逼，使其心生膽怯與畏懼，然後適時誘引敵眾降伏，即可發揮最大功效。李材在〈宣諭倭夷及脅從倭眾榜文〉的告示內，對於應該保密的軍隊數量、將領姓名等機密資料，反而大張旗鼓的宣揚出來，文告內記載督率麾下總兵、參將數員，並詳細臚列出官軍將士的軍威陣容，其中總兵率軍一萬八千名，參將二員共率軍一萬名，游擊將軍二員共率軍一萬名，大軍共三萬八千名，浩浩蕩蕩揮軍直指敵方巢穴。於告示之中列出兵力數量的目的，在於使其知所畏懼，另設豎立「召降旗」加以招撫，凡有赤身棄刃來降者，皆得矜存活命〔註193〕。明末陳龍正（1585～1645）也認為，在調動官兵進剿同時，「應用招安榜文，須先期刊印，一面進兵，一面張掛，其復業免死小牌，隨時斟酌置造」〔註194〕，以招撫勸諭等招安榜文，作為輔助的文宣攻勢，並

〔註189〕明・何良俊，《何翰林集》（臺北：國立中央圖書館，1971 年，據明嘉靖四十四年刊本景印），卷十九〈與王槐野先生書〉，頁 9 下～10 上。

〔註190〕《明憲宗實錄》，卷五十六，頁 8 下，成化四年秋七月己巳條。

〔註191〕明・張岱，《石匱書》，《續修四庫全書》史部三一八～三二〇冊（上海：上海古籍出版社，1997 年月初版，據南京圖書館藏稿本景印），卷二一八〈盜賊列傳・固原賊滿四〉，頁 13 下。

〔註192〕《明史紀事本末》，卷四十一〈平固原盜〉，頁 423。

〔註193〕《兵政紀略》，卷八〈嶺西經略・宣諭倭夷及脅從倭眾榜文〉，頁 7 上～8 下。

〔註194〕明・陳龍正，《幾亭全書》，《四庫禁燬書叢刊》集部十二冊（北京：北京出版社，2000 年 1 月初版，據清康熙雲書閣刻本景印），卷三十〈政書・鄉籌八〉，卷三十，頁 11 上。

誘使敵軍來降，有助於軍事行動的成效。

告示榜文傳遞訊息的效率與功用，在社會動盪與戰亂之際愈顯重要。唐王朱聿鍵於崇禎十七年（1644）崇禎帝自縊之後，次年閏六月於福州行監國禮，七月即皇帝位，改元隆武，是南明諸政權之中，較具有積極進取，恢復中興大業的帝王〔註195〕。隆武帝（1645～1646）在位僅一年三個月，由於政權草創，對於統治疆域的行政命令傳遞，多採用以告示榜文的形式，其中關於軍情傳達、禁約規範的事例頗多，特別是針對革除抽稅之害、禁革地方官買等經濟事務改革，又鑑於社會動亂，兵燹迭起，不僅出榜安撫民心，諭令靖虜伯鄭鴻逵發佈〈獎功釋罪榜文〉以勸諭將士殺敵，更命輔臣撰寫御榜沿途張掛，嚴禁官兵擾害民生〔註196〕。就隆武帝大量採行告示榜文作為傳遞訊息的情形來看，可能與(1)政權初創未久，民情軍心尚未穩固；(2)所轄統治地區僅侷限於福州等處，這兩種現實環境因素有關〔註197〕。基於統治時間未久，腹地範圍不大，因而採用機動性較高、傳播速度較快的告示榜文，作為傳遞政令訊息媒介的模式。

官方召降誘敵的政策，除施行於地方腹裏盜賊之外，另外則是針對邊境民族而言。女真族於元末遷移至遼東地區，並析分為建州、海西諸部，明初是採用設置羈縻衛所的政策，來管理遼東境內的女真部族，至永樂二十年（1422）以後陸續增置為建州三衛，但自明代中葉以降，遼東地區的女真部族勢力逐漸強大，進而成為明代北方邊境的重大威脅〔註198〕。由於女真不斷

〔註195〕隆武帝為南明政權之中，較具有積極進取，欲圖中興大業的帝王，從其於崇禎九年（1636）清兵內犯，北京戒嚴時率護衛軍北上勤王的舉動便可得知。然而隆武政權的建立，外受魯王掣肘，內受鄭芝龍牽制，復以軍事實力薄弱等客觀環境因素影響，雖有胸懷大志，終究以失敗收場。南炳文，《南明史》（天津：南開大學出版社，1992年11月第一版），頁140～159；戰繼發，〈隆武新評〉，《明史研究專刊》第十二期，1998年10月。

〔註196〕關於隆武帝在位期間，採用告示榜文作為發佈政令訊息的相關內容，不一一列舉，詳見：明·陳燕翼，《思文大紀》，《續修四庫全書》史部四四四冊（上海：上海古籍出版社，1997年月初版，據南京圖書館藏清抄本景印），卷一，頁4下；卷四，頁37上、41下；卷六，頁68下。

〔註197〕司徒琳（Struve, Lynn A.）認為，隆武帝的政權統治區域，僅限於福建地區，而福建對外的海上交通雖發達繁榮，但對於鄰近地區聯絡的陸路交通，卻因為山脈阻隔而造成地緣因素的侷限性，對於政治的號召宣傳多所不利。參見：《南明史（1644～1662）》，頁63。

〔註198〕關於遼東女真的起源、遷移，以及如何取代蒙古勢力，成為明代北方邊境的重大威脅，可參見：楊暘，《明代東北史綱》（臺北：臺灣學生書局，1993年

寇邊侵擾，使明廷著重於遼東地方的軍備防務，此外也採取政治力量，利用廣發賞格榜文激勵士氣，寄望擒拿女眞將領以削弱其勢力。萬曆四十七年（1619）正月，朝廷接受兵部尙書黃嘉善的建議，以告示榜文刊印賞格的規定藉以擒拿努爾哈赤等女眞部族將領：

> 有能擒斬奴兒哈赤者，賞銀一萬兩，陞都指揮世襲；擒斬奴酋八大總管者，賞銀二千兩，陞指揮使世襲；擒斬奴酋十二親屬、伯、叔、弟、姪、者，賞銀一千兩陞，指揮同知世襲；擒斬奴酋中軍前鋒暨領兵大頭目者，賞銀七百兩，陞指揮僉事世襲；擒斬奴酋親信領兵、中外用事小頭目者，賞銀六百兩，陞正千戶世襲。以上應賞功級皆自軍辛言之，如原係世職，則于本職外除應得正賞，仍另加恩廕。〔註199〕

努爾哈赤（1559～1626）在面對明廷的賞格策略時，也採用相同的政治宣傳手段加以反制，即散佈招撫、招降榜文，勸諭邊境的遼東軍民歸降，同時也藉此壯大女眞部族的勢力〔註200〕。熊廷弼（1569～1625）在經略遼東之時，即曾將查獲努爾哈赤所發佈的招降榜文一紙呈報朝廷，而萬曆皇帝在閱讀榜文內容之後，引起內心相當的憤慨：

> 經略熊廷弼奏奴賊招降榜文一紙，內稱後金國汗，自稱曰朕，皆僭號也。大略賊自言爲天所祐，中國爲天所怪，諭各將率城堡歸降，各屯堡人民縱投山海關西，我兵不免隨後又到，不如投朕保全家室，而末復有昔日宋徽宗納遼叛臣以致天怪。……上覽奏，諭中外臣工曰：「逆賊出榜招降，橫肆詬侮，朕心深切憤恨，中外當事諸臣尚勵同讎之義，協力同心亟圖殄滅，以雪國恥，毋得仍前因循怠緩，自甘僇辱。」〔註201〕

努爾哈赤的招降榜文內容，大體是針對萬曆朝的各項弊端加以抨擊詆毀，並建國號爲後金，進而說明女眞「爲天所祐，中國爲天所怪」，同時以隨時率軍

1月初版）。

〔註199〕《明神宗實錄》，卷五七八，頁6下，萬曆四十七年正月丁未條。

〔註200〕努爾哈赤對於漢人所發佈的告示、告諭甚多，特別是後金佔領遼東後的統治時期，如天命六年（1621）五月〈告鎮江民人書〉、同年十二月〈諭漢人不得隱匿糧食書〉、天命七年（1622）正月〈諭示眾漢人書〉、是年二月〈告關外漢人書〉等，兼具有招撫與告誡的功用。詳參見：喬治忠編，《清文前編》（北京：北京圖書館出版社，2000年9月第一版）。

〔註201〕《明神宗實錄》，卷五九五，頁1上～2下，萬曆四十八年六月戊申條。

入境進攻爲恫嚇，勸諭邊方將士率城堡速來歸降，以便保全身家性命。姑且不論內容所述是否切實，至少此等言論的渲染散播，看在萬曆皇帝的眼中自然屬於「詬侮」、「僇辱」，因此嚴令遼東將士積極進軍，消滅女眞勢力，以爲雪恥之舉。

努爾哈赤去世之後，由皇太極（1592～1643）繼承汗位〔註202〕，對於明代的遼東軍民仍沿襲採取招撫、招降的政策，如崇禎元年（1628，天聰二年）以來，皇太極陸續以告諭文書招撫駐守皮島的毛文龍、劉興治與陳繼盛等諸將，勸誘其率軍來降〔註203〕，此雖爲書信性質，但仍具有招降的功用。大體而言，努爾哈赤在明清之際征戰當中，不失爲雄才大略的領導者，懂得利用招撫策略誘使漢人來歸；然而卻在晚年時候，對於漢人政策的施行採取強迫薙髮、過度殺戮漢人與漢官等不當措施，致使境內漢人騷動與反抗。至皇太極繼承汗位之後，才逐漸修改漢人政策，緩和滿漢之間的衝突，得以逐漸強盛國力，然後南下取代明廷勢力。〔註204〕

女眞部族利用招降榜文的策略，對於明廷遼東邊境居民採取勸諭來歸的方式，一直持續到明末爲止，《三垣筆記》記載清兵進入北京之後，仍採取出榜的方式，解釋何以興兵入境與明廷覆滅的原因：

> （清兵入京師）出榜云：「昔在我國，時欲與明朝和好，永享太平。屢致書不答，致深入者四，惟事屬既往，不必論。今雪爾朝君父之仇，破釜沉舟，一賊不滅，誓不反轍。所過州縣，若削髮納款，即與爵祿，世守富貴，違抗者，盡行屠滅。」且令兵皆屯城上，無下掠，民遂定。〔註205〕

從記載內容可以看出，此篇榜文應發揮不小的影響作用，榜文內容從解釋明廷無禮，以致引起女眞入關的緣由，並強調入關之目的，是爲了剿滅李自成

〔註202〕努爾哈赤於天啓六年（1626，天命十一年）正月，率軍攻打寧遠城，但受到明廷袁崇煥指揮得宜的防備而失利，努爾哈赤亦受到城上炮擊負傷，不久病逝。後由皇太極繼承汗位，是爲清太宗。

〔註203〕清·羅振玉輯錄，《太宗文皇帝招撫皮島諸將諭帖》，收錄於《羅雪堂先生全集》四編（臺北：大通書局，1972年12月初版）。此書輯錄〈諭毛文龍書〉、〈招撫劉興治等〉、〈招撫陳繼盛等〉、〈諭劉興治兄弟等〉駐守皮島諸將的招撫勸降書信。

〔註204〕閻崇年，〈論天命汗〉，《袁崇煥研究論集》（臺北：文史哲出版社，1994年5月初版），頁72～74。

〔註205〕明·李清，《三垣筆記》（北京：中華書局，1982年5月第一版），附識卷中〈崇禎〉，頁232～233。

等賊，以報「爾朝君父之仇」，最後才是整篇榜文的重點：「削髮納款，即與爵祿；違抗者，盡行屠滅」，採取威脅利誘的手法，勸諭所過州縣納降。而京師居民起初因清兵的攻入，應造成不小的騷動與混亂，但清兵並無實際劫掠的後續行動，且經過榜文內容的適時宣揚，所以京師居民的秩序漸趨安定，這也說明此篇勸諭榜文發揮適當的作用與影響。

　　征戰之際，既然敵對雙方互相以告示榜文作爲宣傳手段，在面對敵方所發佈具有攻擊或煽動性的訊息，另一方勢必要做出反制的動作，最常見則爲直接封鎖消息。明末因社會動盪，流寇四起，由於官軍征討不利，致使流寇日益坐大，最後攻下京師，崇禎帝因此自縊於煤山。此時清軍已招降山海關守將吳三桂，大軍向南方進襲，面對南明諸政權與各地抗清勢力，清軍多先採取文告招撫，然後再進行武力攻擊。于穎爲崇禎四年（1631）進士，歷任工部員外郎、知府，福王即位時出任紹興知府，分巡寧紹台道，時清兵已至杭州城下，于穎遂密募兵舉義，時清軍遣使攜安民榜渡江招撫，于穎「即碎其榜而羈其使」〔註206〕。曹學佺在面臨清兵進逼延平時，亦召募義士起兵抗清，並殺清軍懸掛招撫民榜者〔註207〕。此外，都察院觀政進士黃淳耀率領官吏諸人，共同守備蘇州府嘉定縣城時，在面對清軍李成棟所傳來的招降榜文，即採取直接撕裂的手段：

> 是日，東關外傳入成棟榜文，有「開門降，誓不殺一人」之語。或謂大勢已去，諸公宜爲十萬生靈計。淳耀怫然推案痛哭，（侯）峒曾、（張）錫眉等亦悲不自勝，取榜共裂之。〔註208〕

隆武二年（1646）江西巡撫萬元吉督師抗清，以微弱的兵力堅守城池，此時適逢降清叛將孫之獬，於城下爲清軍招撫，「射榜城中勸降，元吉火之，不省視。」〔註209〕可見當時南明政權與各地抗清勢力，面對清軍的招撫文告，通常是採取撕毀、焚燒敵方勸降文告的方式，其目的皆在於封鎖消息，以免動搖民心士氣，不過從這些激烈手段的背後，更適時顯示出忠臣烈士對於亡國

〔註206〕清・徐芳烈，《浙東記略》（臺北：廣文書局，1964 年 2 月初版），頁 165。

〔註207〕清・邵廷采，《東南紀事》（臺北：廣文書局，1964 年 2 月初版），卷四〈曹學佺〉，頁 211。

〔註208〕明・朱子素，《嘉定屠城紀略》（臺北：廣文書局，1964 年 2 月初版），頁 260。

〔註209〕清・查繼佐，《罪惟錄》，《四部叢刊廣編》（臺北：臺灣商務印書館，1981 年 2 月初版，據上海涵芬樓影印吳興劉氏嘉業堂手稿本），傳卷九下〈抗運諸臣列傳・楊廷麟萬元吉〉，頁 5 上。

無奈的悲憤情緒。

第五節　特殊政治宣傳

一、檄文的內容訴求

（一）檄文的特色——兼具政治與軍事目的

檄文為政治性質強烈的宣傳文告，屬於類似告示文體的一種，特別是發生戰爭、討伐時，最常見到檄文的使用與傳布，而檄文的出現往往伴隨著軍事行動，使其成為兼具政治宣傳與軍事目的政治文告。檄文或稱為露布，具有散佈、傳布之意：

> 檄書露布，何所起乎？漢陳琳草檄，曹操見之，頓愈頭風，遂謂檄起於琳。《說文》：「檄，二尺書。」徐鍇《通釋》曰：「檄，徵兵之書也，漢高祖以羽檄徵天下兵，有急，則插以羽」。《爾雅》：「木無枝為檄」。注：「檄，擢直上也。」《文心雕龍》有張儀檄楚書，隗囂檄亡新文，《文選》有司馬相如喻蜀檄文，則檄非自琳始也明矣。……如《隋志》、《世說》所云，則露布起於後魏，而晉因之。然漢官儀，凡制書皆璽封，唯赦贖令司徒印，露布州郡。又《漢書》，賈洪為馬超作伐曹操露布。則漢時已然。〔註210〕

可見檄文的原意在於徵集兵員，以便凝聚力量發動軍事行動，而徵兵勢必要激起民眾加入的意願，所以檄文內容則有批判、激憤、慷慨等言語表述，逐漸強化檄文政治宣傳的功能性質，最後成為一種兼具政治宣傳與軍事目的文告。

檄文的內容訴求，主要是敘述敵方如何的暴虐無道、違反天理，表明自身是弔民伐罪的義師之舉，為關心民瘼而採取軍事行動，藉以宣揚起兵的合理性與正當性，以便獲得普遍民眾的認同。元末群雄征戰割據，當時方國珍據有慶元、溫州、台州等地，朱元璋於吳元年（1367）十月發佈檄文，即指稱方國珍首倡禍亂，竊據地方，並且貪虐害民，因此勸諭所轄軍民投赴來歸，若能擒斬其部將來歸者，皆予以重賞〔註211〕。同時，在以南方情勢大致底定，朱元璋轉而北上，並採用宋濂所起草的檄文，向齊、魯、燕、薊、秦、晉等

〔註210〕《南村輟耕錄》，卷十八〈檄書露布〉，頁 225。
〔註211〕《明太祖實錄》，卷二十六，頁 3 下，吳元年冬十月甲寅條。

北方地域發佈告諭，說明元廷廢壞綱常，以致人心離叛，遂勸諭北方中原各地居民來歸：

> 自古帝王臨御天下，中國居內以制夷狄，夷狄居外以奉中國，未聞以夷狄居中國治天下者也。自宋祚傾移，元以北狄入主中國，四海內外罔不臣服，此豈人力，實乃天授，彼時君明臣良，足以綱維天下，然達人志士尚有冠履倒置之嘆。自是以後，元之臣子不遵祖訓，廢壞綱常，有如大德廢長立幼，泰定以臣弒君，天曆以弟酖兄，至於弟收兄妻，子烝父妾，上下相習，恬不為怪，其於父子、君臣、夫婦、長幼之倫瀆亂甚矣。……予恭天成命，罔敢自安，方欲遣兵，北逐群虜，拯生民於塗炭，復漢官之威儀，慮民人未知，反為我讎，挈家北走，陷溺尤深，故先諭告，兵至民人勿避。予號令嚴肅，無秋毫之犯，歸我者永安於中華，背我者自竄於塞外，蓋我中國之民，天必命中國之人以安之，夷狄何得而治哉。予恐中土久汙膻腥，生民擾擾，故率群雄奮力廓清，志在逐胡虜，除暴亂，使民皆得其所，雪中國之恥，爾民其體之。如蒙古、色目雖非華夏族類，然同生天地之間，有能知禮義，願為臣民者，與中夏之人撫養無異，故茲告諭，想宜知悉。〔註212〕

宋濂所起草的此篇檄文，即為著名的〈諭中原檄〉〔註213〕。整篇檄文內容強調儒家的天命論，以維護傳統綱常的社會秩序，特別是著重民族革命、恢復道統、統一安定等訴求，也以蒙古、色目人雖非華夏族類，但仍一視同仁的對待，以緩和蒙古與色目人的敵視〔註214〕。整體而言，宋濂所起草的檄文，廣泛宣傳朱元璋的政治理念與態度，對於幫助吳軍的北伐事業，具有政治宣傳的重要影響。

萬曆時期（1573～1620）以來，女真勢力與明廷相互的抗衡過程中，努爾哈赤（1559～1626）以「七大恨」為藉口，向明廷發動軍事行動，並在取得薩爾滸大捷之後，於萬曆四十八年（1620）發佈招降榜文，趁勢勸諭遼東

〔註212〕《明太祖實錄》，卷二十六，頁10上～11下，吳元年冬十月丙寅條。
〔註213〕《弇山堂別集》，卷八十五〈詔令雜考一・諭中原檄〉，頁1617～1618。《弇山堂別集》所載明太祖所發佈的〈諭中原檄〉，並無註明年月，察考其內容實與吳元年（1367）冬十月丙寅，對齊、魯等地發佈的勸諭文告相同。
〔註214〕吳晗，《朱元璋傳》（北京：生活・讀書・新知三聯書店，1979年4月一版），頁128～133。

地區軍民歸附來降，以保身家性命，其中即亟言詆毀、抨擊明廷的各項弊端〔註215〕。在出兵作戰的同時也發佈〈後金檄明萬曆皇帝文〉，內容舉出歷史上王朝興衰的十九個例子，最後提及「大國數盡，必有君臣昏迷，行事逆理亂常，不知其過，驕泰以失之；或小國天命將歸，動念行事，天必啓翼之，風雨霜雪各以時至，默助以成也」，並藉由天命與災異的對比，證明後金必勝，明朝必亡的道理〔註216〕，企圖製造輿論作為軍事行動之外的政治宣傳。

　　崇禎帝自縊之後，留都南京諸臣率皆聚集勤王之師，散佈檄文以討李自成等流賊，其中常州府靖江知縣陳函輝的檄文傳布最廣，文中以「為普天不共之仇，須戮力討賊以報皇恩」，作為激勵之語〔註217〕。基於公義激憤，也會有豪傑志士挺身而出，聚眾討賊，如義士王某聞此國變，即豎大旗於門前，上書：「誅賊報國，仗義復讎，有願為大行皇帝復讎者，聚此旗下」，所發佈於各地的檄文，更有「生成佐命勳，生固榮耀；死作忠義鬼，死亦芬芳」等豪語，遂聚義千人，共破流賊所佔據的城池。〔註218〕

　　左良玉（1599～1645）山東臨清人，以軍功拜平賊將軍，崇禎十七年（1644）三月封寧南伯，福王朱由崧即帝位之後，晉陞為侯，當時左良玉已擁兵八十萬，南明倚為屏蔽。然而馬士英、阮大鋮擅權用事，慮其與東林黨人的政治立場相近〔註219〕，致使馬士英等對左良玉日益忌憚，乃至於築板磯城以防之。左良玉見情勢至此，遂召三十六營大將盟誓，於弘光元年（1645）傳檄征討馬士英：

　　　左良玉反兵東下，請除君側之惡；移檄遠近，以討馬士英。其署云：

〔註215〕《明神宗實錄》，卷五九五，頁1上～2下，萬曆四十八年六月戊申條。

〔註216〕潘喆、李鴻彬、孫方明編，《清入關前史料選輯》（北京：中國人民大學出版社，1984年11月第一版），頁289～296。此〈後金檄明萬曆皇帝文〉之外，努爾哈赤亦曾以〈七大恨〉作為興兵伐明的藉口，詳見：孟森，《明清史論著集刊正續編》（石家莊：河北教育出版社，2000年12月第一版），〈清太祖告天七大恨之真本研究〉，頁104～119。

〔註217〕《小腆紀年》，卷五，頁188。

〔註218〕明‧顏元，《顏元集》（北京：中華書局，1987年6月第一版），《習齋記餘》，卷七〈祭壯譽王義士文〉，頁529～530。

〔註219〕《石匱書後集》，卷二十五〈左良玉列傳〉，頁171～174。當時湖廣巡按御史黃澍，曾上疏參劾馬士英、阮大鋮亂政，而馬士英欲差遣緹騎逮繫黃澍，反被左良玉所毀，故而雙方勢力已有對峙的態勢，然後才有興兵「清君側」之舉。張岱則認為由於黃澍過度依恃左良玉勢力，在政治上與馬士英等人對抗，甚至是整起舉兵事件的主導者。

「馬士英蠻獠無知，貪狠悖義。挾異人爲奇貨，私嫁毒以種姦；欺
蝦蟇之不聞，恣鹿馬以任意。不難屠滅皇宗，遂敢刑戮太子。效胡
濙之名訪遯過，既不使之遯於荒野；踵錢寧之即訊大千，又不容其
斃於深宮。群小羅織，比燕啄而已深；中犴幽囚，視崔探而更慘。
李沾威拷，何如崔季舒拳毆；王鐸喝招，有甚朱友恭塞謗！豈先帝
不足復留種，既沈其弟，又滅其兄；將小朝自有一番人，既削其
臣，並羈其主。嗟乎！安金藏之不作，丙定侯之已亡！附會成群，
誰敢曰「吾君之子」？依違欲了，咸稱曰「的係他人」。臨江之當亂
虎，是可忍也！子輿之遇蟒毒，尚何言哉！良玉受恩故主，爵忝通
侯；寧無食蔗之思，詎忘結草之報。願共義士，共討天仇！嚴虎豹
之巫驅，風雲氣憤；矢鷹鸇之必逐，日月光明。郿塢豐盈，應有然
臍之禍；漸臺高擁，難逃切舌之災！」檄下遠近傳播，惟京中噤
口。〔註220〕

檄文指出馬士英貪狠悖義，並屠滅宗室、刑戮太子，儼然是挾持福王以號令
各地臣民，因此藉由檄文的發佈，號召天下義士誅除馬士英，以報先帝之仇。
事實上，左良玉討伐馬士英的檄文共有數篇，且在此之前即以糾劾馬士英八
大罪，藉由輿論獲得有利的政治情勢，並沿途張貼告示，然後舉兵採取軍事
行動；同時檄文之中多自稱爲「先帝舊臣」，亟欲表明自身的正統性，反襯出
馬士英的篡逆無道的形象。

（二）檄文的起草與撰寫

關於檄文的撰寫，通常會延請懷有文才、或假託名聲顯著者起草內容，
主要目的是冀望藉由其名聲的影響能力，強化檄文傳播的功效。如徐敬業爲
唐代名將李勣之後，爲反對武則天以太后臨朝問政，於揚州起兵並請當時文
壇四傑之一的駱賓王，撰寫〈爲徐敬業討武曌檄〉〔註221〕。明初爲朱元璋起
草告諭中原檄文的宋濂（1310～1381），當時即以文學詞章著稱，與王褘並稱
爲「江東二儒」〔註222〕。方孝孺（1357～1402）浙江台州寧海人，少從宋濂
交遊，以明王道、闢異端爲己任，時人咸稱爲程、朱復出。建文帝即位之後，

〔註220〕《明季南略》，卷七〈南都甲乙紀續・又檄〉，頁196～197。同卷另有〈左良
　　　　玉參馬士英八罪〉、〈又討馬士英檄〉等，可以看出左良玉在起兵討伐馬士英
　　　　的軍事行動前，已經預先營造有利的輿論環境與政治宣傳。
〔註221〕《舊唐書》，卷六十七〈列傳第十七〉，頁2490～2492。
〔註222〕《玉堂叢語》，卷一〈文學〉，頁17。

召爲翰林博士、侍講學士，凡朝政大事政皆得予聞，而朝臣面議奏事，建文帝則必命其就展前批答。迨燕王朱棣發動靖難之變，朝廷所發佈的討伐詔檄皆出方孝孺之手〔註223〕。正德初期宦官劉瑾擅政，戕害忠良，致使中外憤怨，遂有假借託名黔國公與魏國公所發佈的檄文，皆以誅殺劉瑾爲名〔註224〕，而當時的黔國公沐崑、魏國公徐俌〔註225〕，則未必實際參與此事，只是檄文的撰寫者想藉此作爲擴大影響的手段。

　　在檄文內容的撰寫方面，主要是將對方敘述爲如何的暴虐無道，以做爲政治宣傳的口實。此外，在傳統中國專制政治上，起兵反抗朝廷是屬於謀逆死罪，因此作爲臣下者，往往將「清君側」作爲發動軍事行動的藉口，說明起兵並非「謀反叛亂」，而是清除朝中的奸佞小人，以免皇帝受其惑亂而敗壞朝政。正德五年（1510）四月，寧夏安化王朱寘鐇及率都指揮何錦、周昂等人起兵，即廣布檄文以誅劉瑾爲名，作爲政治宣傳的號召：

> 正德五年四月，寧夏安化王寘鐇及都指揮何錦、周昂、指揮丁廣反，殺鎮守太監趙弼、總兵官江漢、巡撫都御史安惟學、羲田大理少卿周東。令孫景文造僞檄，言：「劉瑾蠱惑朝廷，變亂祖法，屏棄忠良，收集凶狡，阻塞言路，括斂民財，籍沒公卿，封拜侯伯，數興大獄，羅織無辜，肆遣官校，脅持遠近。張綵、劉機、曹雄、毛倫文臣武將，內外交結，意謀不軌。今特舉義兵，清除君側。凡我同心，並宜響應，傳布邊鎮。」〔註226〕

文中歷數劉瑾如何蠱惑朝廷、變亂宗法、羅織無辜等十數項罪狀，故而率領義兵，號召清除君側，並勸諭軍民奮起響應。正德十四年（1519）八月，江西寧王朱宸濠亦舉兵反，同樣採取散佈檄文作爲宣傳、策反等手段，並且配合一般的榜文告示，強化政治宣傳效用〔註227〕。朝廷恐此等「大逆不道」言論廣爲散播，以致煽惑、動搖人心，遂急令南直隸地區各地官府查禁銷毀，

〔註223〕《玉堂叢語》，卷四〈忠節〉，頁 137～138；《松窗夢語》，卷四〈士人紀〉，頁 66。

〔註224〕《繼世紀聞》，卷三，頁 87。

〔註225〕《明史》，卷一○五〈功臣世表一〉，頁 3001、3055。徐俌爲徐達的五世孫，於成化元年（1465）襲魏國公爵位，正德十二年（1517）七月卒；沐崑爲沐英的六世孫，於弘治十年（1497）十月襲黔國公爵位，正德十四年（1519）六月卒。

〔註226〕《今言》，卷四，頁 163。

〔註227〕《明武宗實錄》，卷一七六，頁 6 下，正德十四年秋七月丙午條。

凡有將片紙隻字等相關訊息散播者，嚴懲不貸。〔註228〕

　　具有政治宣傳性質的檄文，其撰寫者多以文才、名聲顯著者為之，有時還會假託當代有名望者，主要目的皆在於擴展檄文的傳播範圍，增加政治宣傳效果。而發動軍事行動時，必須要有正當的理由與宣傳口號，因此檄文內容特重於描寫對方如何暴虐、無道，以便塑造自身「弔民伐罪」的正當形象；同時，為避免起兵造成民眾疑慮，或成為對方攻訐的口實，往往以「清君側」作為發動軍事行動的藉口，強調起兵並非「謀反叛亂」，其目的皆在於取得正當性、合法性的地位。

二、檄文的功效影響

　　檄文既屬於政治性較強的宣傳文告，其目的是希望能藉此號召人心，以達到「傳檄一紙定四方」的效果〔註229〕，但僅憑一紙檄文的實際效用畢竟有限，因此檄文散佈後，必然伴隨軍事行動。朱元璋在幾經征伐，南方基業大致穩固之後，於吳元年（1367）冬十月，向齊、魯、燕、薊、秦、晉等地發佈告諭，說明元廷廢壞網常，以致人心離叛，遂勸諭北方中原各地居民，「爾民其體之如蒙古、色目，雖非華夏族類，然同生天地之間，有能知禮義，願為臣民者，與中夏之人撫養無異」，以各民族平等為號召，勸誘各地居民來歸〔註230〕。朱元璋的政治宣傳是以民族革命為主要號召，來推翻蒙古人的統治政權；但另一方面亦強調各民族平等的理念，以吸引華夏民族的認同。弘治十二年（1499）九月貴州普安州土人阿保，聚眾起兵為亂，據守堡塞自稱大王，擊敗貴州等地官軍，朝廷急諭令諸長官司率領土兵萬餘人，與貴州總兵官焦俊等人進軍合擊，其中都指揮劉英先截其後路，並發佈以檄文招諭，於是賊黨歸順者八百餘人，然後再舉兵討平之〔註231〕。可見檄文的政治宣傳，為實際軍事行動的先聲。

　　檄文的政治性宣傳除了傳達對方如何暴虐無道，描繪出其負面形象，同時也有為己方做出解釋的功能。崇禎十七年（1644）四月，南京兵部尚書史

〔註228〕《明武宗實錄》，卷一七七，頁12下，正德十四年八月乙酉條。
〔註229〕清‧顧炎武，《顧亭林先生遺書十種》（臺北：古亭書屋，1969年8月初版，據清蓬瀛閣刊本景印），《亭林詩集》，卷一〈吳興行贈歸高士祚明〉，頁15下。
〔註230〕《明太祖實錄》，卷二十六，頁5上～6下，吳元年冬十月丙寅條。
〔註231〕《明孝宗實錄》，卷一五四，頁12下，弘治十二年九月壬午條。

可法（1602～1645）以李自成進攻北京，遂以勤王爲號召，發佈討賊檄文，並指出流賊導致兵燹民亂，國勢岌岌可危，因此倡議勤王，勸諭各地豪傑義士，共同討賊靖亂。值得一提的是，檄文之中雖直指流賊之惡，但也有不少是爲明末一些稗政加以辯護，如「以寇起而用兵，是虐民者寇也，而兵非得已；以兵興而派餉，是糜餉者兵也，而餉非自私」、「蔬膳布袍，眞能以天下之肥而忘己之脊，蠲逋宥罪，不難引一人之過以就臣之名」等，顯然都是爲了三餉的加派、崇禎皇帝的人品作辯護與解釋〔註232〕，並藉此爭取民眾對明廷的信心與凝聚意識。

此外，檄文也有激怒、混亂敵軍的作用。如景泰三年（1452）十一月，前軍右都督楊俊認爲，北虜屢有南下進軍的跡象，與其等待對方侵擾，不如先設伏兵以誘之，遂建議於偏頭關等處設下埋伏，再於外交上拘絕其使，或以檄文斥責叛逆不義之罪，必能激怒使其興兵來犯，如此則能前後夾擊，予以重創〔註233〕。正德十四年（1519）八月，江西寧王朱宸濠舉兵時，汀贛巡撫僉都御史王守仁（1472～1529）正於福建征討盜賊，在得知消息之後，隨即前往江西，並四處散佈檄文藉以散佈不實訊息，作爲混淆視聽的緩兵策略，寧王果然受到不實消息所惑，未能急襲南京：

> 公急走小舸返，至吉安，與知府伍文定起兵討賊。發檄召江西諸知
> 府邢珣等兵，又密遣諜四出投檄，言京師及湖廣、廣東西、南京、
> 淮安、浙江各發兵討賊，以疑宸濠，使不敢出南昌。又致叛臣家
> 族，謬託心腹云：「吾直應勅旨，且聚兵耳。」又曰：「寧王事且成
> 敗未可知，吾安能遽進兵。」賊果疑，四路兵且至，不敢直趨南
> 京。〔註234〕

待各路官軍匯集之後，再發佈檄文直斥寧王朱宸濠反狀，因此在王守仁反覆、巧妙的利用檄文傳遞訊息，達到欺敵、誘敵、策反的功效，以致於朱宸濠兵敗被俘。

檄文屬於類似告示文體的一種，但其特殊性質實與一般告示榜文有所差異。

〔註232〕明・史可法，《史可法集》（上海：上海古籍出版社，1984 年 7 月第一版），卷四〈雜文・勤王討賊檄文〉，頁 121～118。
〔註233〕《明英宗實錄》，卷二二三，頁 14 上～下，景泰三年十一月丙戌條。
〔註234〕《今言》，卷三，頁 109～110。

（一）就發佈機關來源而言

告示榜文屬於官方發佈政令、禁約等傳遞訊息媒介，發佈機關皆為國家所屬政治、經濟、軍事等法定機關，所發佈的內容也具有合法的法律效力；檄文屬於政治性質的宣傳，具有批評、煽動、攻擊等敘述語氣，合法與非法機關皆可能發佈；

（二）就告諭的對象而言

官方發佈的告示榜文，所告諭的對象（觀看者）必須遵照告示內容規定，加以確實施行，違者將予以懲罰；檄文屬於政治性質強烈的宣傳文告，檄文的內容雖有恫嚇、威脅的語氣，卻未必能強制觀看者依照施行，只是做為心理層面上的威嚇手段。

表 5-3：明代檄文發佈知見表

時　　間	名　　稱	發起／撰寫者	資　料　出　處
吳 1 年 10 月	諭齊魯燕薊秦民人檄（諭中原檄）	宋濂起草	《明太祖實錄》卷二十六《弇山堂別集》卷八十五
吳 1 年 10 月	諭慶元溫台州民人檄		《明太祖實錄》卷二十六
建文時期	討伐燕王朱棣檄文	方孝孺起草	《玉堂叢語》卷四
正德 5 年 4 月	討伐劉瑾檄文	安化王朱寘鐇	《今言》卷四
正德 14 年 8 月	討伐劉瑾檄文	寧王朱宸濠	《明武宗實錄》卷一七六
正德時期	討伐劉瑾檄文	假託黔國公、魏國公起草	《繼世紀聞》卷三
崇禎 17 年 7 月	勤王討賊檄文	史可法	《史可法文集》卷四
崇禎末年	討伐流賊檄文	靖江知縣陳函煇	《小腆紀年》卷五
崇禎末年	討伐流賊檄文		《顏元集・習齋記餘》卷七
弘光 1 年	討馬士英檄文	左良玉	《明季南略》卷七

註：表中所列是以「檄文」為文書格式，所發佈勸諭、號召、征討之內容，其餘以告示、書信、揭帖等文書格式所撰寫者，不在此表收錄範圍。

第六章 告示榜文的功能評議

　　關於告示榜文的法律效力，是論述其法律性質的規範與發佈情形為主軸，並理解與律令、誥敕的相互關係，以及歷朝對於以榜文形式來頒行政令的流變情形。而官方告示榜文在發佈之後，行政命令有其涵蓋範圍與施行時間，若超出範圍之外或施行時間，行政命令便屬無效。

　　榜文告示的發佈，有正當之程序與規範，依照所屬事類的不同，由中央或地方機關負責相關政務，然後再依行政機關層級依序轉發而下。中央所轉發的行政，皆發下各所屬部院衙門再轉發各地三司、府州縣執行；地方官府的告示來源，除接受上級行政命令或本身自治權力刊布之外，另外還來自地方鄉里議案，這說明地方群眾之意識能夠影響地方政府的運作。此外，無論告示榜文之發起者為何，首先都必須透過法定的官方機構許可，使信息傳達於百姓民眾，然後才具有公信力與法律效力，否則皆屬於不當或無效的告示榜文。

　　對於告示榜文的實施阻礙，有時侷限於告示內容本身的適當性、公平性，適當性是指內容是否具有違反人情義理、常理規範的原則，若是告示內容違反常理，自然能夠確實遵守者不多；公平性則是指官方告示執行時，是否合乎公正、合理的原則，具告示賞罰制度的卻確實執行，若未能秉持公平的原則，將招致許多的質疑與不滿。另外，關於社會環境的衝突、風土民情的差異，皆會影響到告示施行的成效性。

第一節　告示榜文的法律效力

一、告示發佈的法律效力

　　歷朝以來律法雖不外乎敕、令等形式，但是明代洪武、永樂兩朝，榜文

禁例的法律效力卻往往高於律之上，更是爲此時期的特色，特別是洪武一朝，其律法主要是以律、令、誥、榜文等四大類爲主。因此，明代法律史的演進，大致可以分爲三個時期：(1)洪武永樂兩朝，主要是以榜文爲主，律爲輔。(2)仁宗至英宗時期，則以洪武三十年所定的《大明律》爲主，並包含律誥等，此後各朝雖有頒行條例，但是時而廢除。(3)憲宗以後，則以新的條例輔律而行。〔註1〕

明代透過律、令、誥、榜文、例等各種法律形式，建構出完整的法律體系，其中「律」具有最重要的地位，是其他法律形式制訂與發展的基礎，當律文與其他法律形式發生歧異或衝突時，律文具有的最高效力與解釋依據，所以《明律》〈斷罪無正條〉規定：「凡律令該載不盡事理，若斷罪而無正條者引律比附，應加應減定擬罪名，轉達刑部議定奏聞，若輒斷決致罪有出入者，以故失論。」〔註2〕若無律文明文規定之時，方能以其他法律形式如條例比附，作爲判決標準，或者奏請刑部擬定相關條文，以便頒訂施行。但此種通用原則，常以因時制宜而受到變動，特別是皇權的介入干涉，明初太祖在草創律法制度時，即採取律、令、誥、榜文並行的方式，其中皆反映出以皇帝自我意志爲量刑標準的特色，《明律》頒訂通行以後，法司斷案率皆以《明律》條文爲依據，雖然令、誥等形式漸趨廢除，但榜文的法律形式卻仍受到歷朝皇帝以「重申」的形式，就具有實際的法律效力。

明初所頒行的《大誥》等編，其內容收錄之法令，部分是根據當時已頒佈的敕令、榜文所加以修定〔註3〕。從《南京刑部志》所收錄洪武、永樂時期榜文六十九榜，屬於嘉靖時期南京刑部所懸掛的榜文，由屢次重新申明這些榜文的態度，可看出榜文在明代律法的重要性。在明初立法過程之中，榜文是以皇帝聖旨的型式公佈於世，藉以迅速反映朝廷的施政方針，以便明確執行當前政令。明太祖在位期間多以榜文的形式詔諭天下，所以明初常因事立法而發布榜文禁例，其中《教民榜文》即由依照明太祖的口諭加以刊布，內容共收錄口諭四十一條禁例，可謂是洪武榜文的總彙與整理。整個洪武年間頒行榜文的情形從未間斷，即使到洪武末年，雖曾禁革一切榜文律令，但仍詔令戶部修訂《教民榜文》以刊布天下。爲強調榜文的法律效用，永樂朝更

〔註1〕〈明洪武永樂朝的榜文峻令〉，頁262。
〔註2〕《明代律例彙編》，卷一〈名例律·斷罪依新頒律〉，頁375。
〔註3〕《明大誥研究》，頁42。

屢次申明洪武舊例，永樂十七年（1384）即諭令各處軍衛，凡屬洪武朝一應榜文，皆需張掛遵守，如有藏匿棄毀不張掛者，凌遲處死〔註4〕。明初的法司機關主要是依據當時所頒佈的榜文作爲審判標準，因此榜文的地位比《明律》還要高，於是以榜文條例斷案漸成慣例。

至洪武末期以降，太祖認爲法律審斷應以《明律》爲主，於是開始禁革榜文律令，而改以《明律》與《大誥》議罪。洪武三十年（1397），太祖於《明律》編纂完成後，乃諭令刑官擇取「大誥條目，撮其要略，附載於律。凡榜文禁例悉除之，除謀逆及律誥該載外，其雜犯大小之罪，悉依贖罪例論斷，編次成書，刊布中外，令天下知所遵守」〔註5〕，審斷訴訟皆以《明律》爲準，大誥爲輔，歷年以來所頒佈的禁約、榜文已不再具有法律效力。建文帝即位後即秉承太祖之意，不以榜文禁例爲司法審判的依據，然而這並不代表建文帝不頒佈榜文。根據永樂即位後所頒訂的禁例，其中一條是專門針對建文帝，規定凡是建文年間因上書陳言，若有干犯之詞者勿論，其當時所頒示的全部榜文條例皆予以毀棄〔註6〕，由此可知建文帝仍舊以榜文形式來頒行政令。

靖難之役後，永樂帝以武力奪取帝位，隨即在政治手段方面，以建文帝不張掛洪武榜文爲口實，攻訐其不遵洪武祖制〔註7〕，藉此強調永樂帝取得政權的合法性：

> 朕自即未以來，一應事務悉遵太祖定例，不敢有違。……某（建文帝）不有祖法，多有更改，致使諸司將洪武年間榜文不行張掛遵守，憑各衙門查將出來，但是申明教化，禁革奸弊，勸善懲惡，興利除害，有益軍民的，都依太祖皇帝聖旨，申明出去。教天下官吏軍民人等遵守，保全身命，共享太平。敢有故違，依著太祖皇帝聖

〔註4〕　《大明會典》，卷二十〈戶部七‧讀法〉，頁23上。

〔註5〕　《明史》，卷九十三〈刑法志一〉，頁2284。

〔註6〕　《明太宗實錄》，卷十上，頁2下，洪武三十五年秋七月壬午朔條。

〔註7〕　建文帝繼立大統，以其正值盛年之際，懷有突破現狀與銳意改革之心，所舉用朝臣之條件，多以品德爲標準，重文臣而輕武官，並以齊泰、黃子澄爲首的新朝官員，致力於新政的改革，然而此舉卻屬於更改洪武祖制之舉動，因此不免被奪位的明成祖，刻意指責是違背洪武祖制，進而大加撻伐攻訐。詳見：吳緝華，〈明代建文帝在傳統皇位上的問題〉，收入氏著《明代制度史論叢》（臺北：臺灣學生書局，1971年2月初版）。朱鴻，〈明惠帝的用人政策〉，《師大歷史學報》第十三期，1985年，頁18～19。

旨罪他。〔註8〕

在恢復洪武舊制方面，明成祖的確具有明顯之政治目的，以便藉此攻訐建文帝的施政政策，並積極採取相反的方法，特別強調重申洪武舊制的重要，因此永樂年間仍持續頒布榜文。雖然明成祖在重申洪武舊制的政策，確實有其政治目的存在，但是除政治方面考量之外，自明初以來太祖所採取以榜文懲戒臣民的做法，或許對明成祖也產生相當影響，故在其登基後隨即發布榜文，規定今後奏事皆需依照洪武年間舊例，無須更改。

榜文既爲傳達當前政令的方法，榜文內容當然務使軍民百姓知曉，以防百姓昧於無知而觸犯法網。永樂三年（1405）二月，巡按福建監察御史洪堪認爲，治民之法必先教之，教之不從，然後刑之。然而朝廷的法制禁令往往僅行於官府，鄉里小民多有不知者，未避免地方百姓誤犯。凡今後所有條例榜文，需由官府轉行地方里老，於本處申明亭召集鄉民逐一告諭，使其有所遵循。〔註9〕

雖然自至洪武末年以來，法司審理悉以《明律》條文論斷，其餘禁約、令已不再具有法律效力，但是弘治時期以後，榜文頒佈的情形雖然減少，歷朝卻仍不斷重申洪武、永樂榜文。如成化元年（1465）規定，將洪武、永樂、正統年間以來所頒降的榜文，謄寫張掛，務使百姓知曉〔註10〕。成化七年（1471）五月江西按察使牟俸，奏請頒降洪武年間榜文於官署衙門之外，以禁革訴訟之風氣：

> 都察院等衙門會議，江西按察使牟俸奏：江西人民健訟，往往虛捏情詞告訐，乞將洪武年間榜文及前後議奏事例，再行斟酌叅詳，出榜於通政使司門外，常川張掛，以革習風時。……都御史李賓等議，合如所言，上從之。〔註11〕

成化時期（1465～1487）從謄寫張掛正統時期以前所頒降的榜文，到頒降洪武榜文於官署之外以杜絕訴訟之風，可見前朝榜文仍具有相當的法律約束效力。此外，嘉靖三年（1524）四月鎮遠侯顧仕隆等，亦奏請重申永樂初年戒諭武臣榜文，以約束武臣行爲〔註12〕。由此可知，明代歷朝皇帝不斷重申洪

〔註8〕《洪武永樂榜文》，〈揭榜示以昭大法〉，頁1。
〔註9〕《明太宗實錄》，卷三十九，頁3下～4上，永樂三年春二月丁丑條。
〔註10〕《大明會典》，卷二十〈戶部七・讀法〉，頁23下。
〔註11〕《明憲宗實錄》，卷九十一，頁3上，成化七年五月戊子條。
〔註12〕《明實錄附錄》，《明世宗寶訓》，卷七〈戒諭群臣〉，頁12下。

武、永樂舊例之情形，是種普遍性的現象，其背後所隱含的精神，除了前朝榜文法律效力之外，更是對於祖制地位的尊崇。「祖制」即祖宗家法或舊制，作為後世子孫恪守遵循之規臬，祖制之功能不僅是施政的最高準則，亦是臣工言事的最佳依據〔註13〕。若就從上述成化七年（1471），江西按察使牟俸的奏請內容加以分析，成化七年距洪武時期已近有百年之遙，而洪武榜文的法律規範是否切合實際，或適用於當時環境，似乎並非牟俸或都察院官員所關注的焦點，反倒是「祖制」的重申與否，才是重點所在，而明代為歷代最遵崇祖制的時代，洪武榜文既為太祖皇帝意志所形成規範，所以歷朝在祖制規範之下，進而出現不斷重申洪武、永樂榜文的情形。

從明初洪武、永樂時期的榜文頒訂，主要具有作為律文的地位，即類似《明律》的法律效力，爾後因為《明律》的編纂完成，成為一切司法審理的依據，因此才有洪武末年所謂「榜文禁例悉令除之」的規定，其目的在於維護《明律》的絕對法律地位，此後相關法律條文的增定，則採取以制訂「條例」以輔律文的形式。此後的榜文已不再具有誥、令的法律地位，其法律效力日漸低落，甚至轉變為單純的「告諭」、「告知」功能。從萬曆四十年（1612）所增訂〈通倭海禁六條〉條例，即反映出榜文所代表的法律地位：

> 以防海功，賞浙江巡撫高舉銀幣，陞俸一級，總兵官楊崇業、副使宵瑞鯉等有差，仍增通倭海禁六條。撫臣以盤獲通倭船犯並擒海洋劇盜，奏言：「防海以禁通倭為先，而閩、浙實利倭人重賄，遂至繩繩往來為倭輸款，嘉靖間王直等勾倭之餘烈可鏡也。……但往者通番律輕，人多易犯，乞敕法司將前項走倭者、出本者、造舟與操舟者、窩買裝運與假冒旗引者，以及鄰里不舉、牙埠不首、關津港口不盤詰而縱放者，並餽獻倭王人等以禮物者，他如沙埕之船當換，普陀之香當禁、船當稽，閩船之入浙者當懲，酌分首從，辟、遣、徒、杖，著為例。」部覆如議以請，上是之，并諭新定條例與舊例並行，永為遵守，仍著撫、按官刊榜曉諭。有違犯的，依例重處，不得縱容。〔註14〕

此六條新訂的通倭海禁條例，主要是因先前通番條律過於寬鬆所做的改變，

〔註13〕蕭慧媛，《明代的祖制爭議》（臺北：中國文化大學史學研究所碩士論文，1999年6月），頁35～58。

〔註14〕《明神宗實錄》，卷四九六，頁2下～3上，萬曆四十年六月戊辰條。

朝廷根據撫臣的奏請，如議擬訂新定條例，並諭令將新舊條例並行實施，另著撫按官刊榜曉諭。此處所謂的「刊榜曉諭」，即是官府所發佈告示榜文，所以此時的榜文的作用僅是單純宣達政令而已，已不再具有明初等同律文的法律效力。

近代西方關於律法新舊條例的時效原則，有二：一為比較新、舊二法的條文，從其罰責輕者處斷，此即為「從輕原則」；一則不分新、舊條文，概從新法處斷。傳統中國罪刑法定的發展，雖然歷朝皆編纂律文作為司法審判的依據，但隨著時間轉移或社會環境所需，往往不斷增修條例輔律而行，由於條例的法律地位逐漸重要，明清以降甚至有「以例破律」的現象〔註15〕。就有明一代的律法制度而言，榜文在明初等同於誥敕、令的地位，屬於皇帝意志的代表，永樂以後則因《明律》的編纂完成，律法制度逐漸完備，因此榜文的實質效力與法律地位遂日趨低落。

洪武、永樂時期的榜文量刑標準，較明律規定之刑責為重，主要是基於明初以來法外用刑之原則〔註16〕。然而自弘治以後，榜文禁例的頒佈漸少，逐漸走向以《明律》作為審判之依據，並以條例為輔的法治時代，不過從《吏文》所收錄的內容來看，採取榜文作為法律效力頒佈的形式，時間最晚可至成化十二年（1476）；而嘉靖以後雖無榜文的頒佈，但根據《南京刑部志》所收錄南京刑部所懸掛的洪武、永樂時期榜文，說明嘉靖皇帝重申與重視這些榜文的態度。因此，從以上論述可以歸納為：(1)自洪武、永樂以後，雖然榜文刊布的情形較為減少，但因榜文的法律形式，代表皇帝意志的施行，因此歷朝皇帝仍偶有頒佈，並未因此而禁絕。(2)洪武、永樂以後榜文，透過尊崇「祖制」的型態，被歷朝皇帝屢次重申舊例榜文，而具有一定的法律效力，雖然此時被重申的榜文，其法律效力並不如明初，然而從精神層面的象徵意義來看，舊時榜文的地位則從單純的法律條文，轉化為崇高、不可變動的祖制家法。

二、告示榜文的效力範圍

官方告示榜文之發佈，有其行政命令的涵蓋範圍，若是超出管轄範圍之外，行政命令的約束效力會因此而減弱，甚至變成無效。位於南直隸揚州府

〔註15〕黃源盛，〈傳統中國「罪刑法定」的歷史發展〉，《中國傳統法制與思想》（臺北：五南圖書公司，1998年10月初版），頁438～445。

〔註16〕《明大誥研究》，頁80～84。

的維揚鈔關，曾於嘉靖二十二年（1543）三月為查緝商人偷運私茶，以及使用舊茶引等諸項弊端，而發佈清查茶引的告示，其告示範圍涵蓋茶引所與數處巡檢司：

> 本職〔南京戶部主事焦希程〕查照先今箚付內事理，即便出給大字告示，以後如遇客商販茶，過彼俱要嚴加查驗。……此擬合禁革，為此仰本所司當該官吏人等，凡遇茶商過彼，務要遵照箚付內事理，嚴加查驗引之新舊，茶之斤重，但有私茶及夾帶舊引影射者，即便拏問，照依律例發遣，敢有縱容賣放等弊，或被人首告，或體訪得出，一體重治不貸，須至告示者。

> 一示仰儀眞批驗茶引所、儀眞舊江口巡檢司、高郵州時堡巡檢司、張家溝巡檢司、泰州西溪巡檢司、通州石港巡檢司、江都縣瓜洲巡檢司。〔註17〕

此次清查茶引之告示範圍，從維揚鈔關所屬的揚州府城為中心，涵蓋儀眞縣、江都縣、高郵州、通州、泰州等地的批驗茶引所與巡檢司。從圖 6-1 來看，其發佈範圍最南為儀眞縣舊江口巡檢司(A)、江都縣瓜洲巡檢司(B)，率皆鄰近長江，而瓜洲巡檢司所在位置，更是位居長江支流進入江都縣境的主要通道；最東則為通州石港巡檢司(C)，鄰近黃海與長江交界出口；而高郵州所屬時堡巡檢司(D)、張家溝巡檢司(E)，則位於西湖東側，有利控制西湖水域。

　　整體而言，維揚鈔關所發佈告示的主要據點，皆位於鈔關的東、南、北面而忽略西面，其原因可能有：(1)揚州府城西側背倚蜀崗嶺，並與大銅山、盤古山等相互連綿，其地形足以為屏障。(2)此地區未設有巡檢司，為官府統治力量不及之處〔註18〕。(3)西側毗連應天府與鳳陽府，屬於行政區交界之處，是為行政命令與官府統治較為複雜而薄弱之處。基於以上三項原因，導致維揚鈔關告示發佈側重東、南、北面，唯獨忽略西面的情形。

〔註17〕《維揚關志》，卷四〈鈔法第七〉，頁 10 上～12 上。

〔註18〕巡檢司屬於地方治安的基層組織，專司緝捕、巡緝、盤查等事務，明代巡檢司的分佈範圍，涵蓋江海、湖泊、山禁等處，設立之目的在加強衛所制度之不足，一遇地方緊急事務，則可協同地方官府差役、衛所官軍，共同維護地方治安。參見：川勝守，〈明代鎭市の水柵と巡檢司──長江デルタ地域について〉，《東方學》第七十四輯，1987 年 7 月，頁 101～115；陳寶良，〈明代巡檢司初探〉，《天府新論》，1992 年 6 月；呂進貴，《明代的巡檢司制度》（宜蘭：明史研究小組，2002 年 8 月初版）。

圖 6-1：維揚鈔關查緝私茶告示發佈範圍

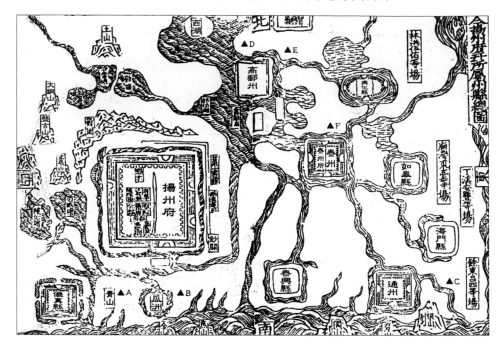

資料說明：1. 取自明·盛儀，《惟揚志》（臺北：漢學中心景照明嘉靖殘本），〈揚州府并所屬州縣總圖〉加以修整。

2. 維揚鈔關查緝私茶告示發佈範圍位置：
A. 舊江口巡檢司（儀眞縣）　　B. 瓜洲巡檢司（江都縣）
C. 石港巡檢司（通州）　　　　D. 張家溝巡檢司（高郵州）
E. 時堡巡檢司（高郵州）　　　F. 西溪巡檢司（泰州）

此外，此次維揚鈔關發佈的清查茶引告示，除儀眞縣的批驗茶引所之外，所發佈的巡檢司所在雖然位於陸路，但所處位置則多集中於江河、湖泊等水域岸邊，如高郵州的張家溝巡檢司(D)、時堡巡檢司(E)位於西湖東岸；儀眞縣的舊江口巡檢司(A)、江都縣的瓜洲巡檢司(B)位於長江北岸，通州的石港巡檢司(C)更臨近長江出海口，其餘的巡檢司也都位在湖泊、沙洲附近，這顯然與維揚鈔關所在的揚州府，處於長江流域下游的地理環境有相當的關係。同時，藉由這些鄰近水域的巡檢司相互策應，聯繫成組織網絡，以便有效執行查緝私茶的命令。

另外，從應天府巡撫所發佈的告示情形，更能深入瞭解行政命令的涵蓋範圍。崇禎十三年（1640），黃希憲以右僉都御史授命巡撫應天等處〔註19〕，

─────────────

〔註19〕《國榷》，卷九十七，頁 5853，崇禎十三年正月戊辰條。

到任三年之間，對於禦寇安民、災荒救濟等有關民生事務，發佈諸多官府告示榜文，藉以推動行政命令。茲將其於崇禎十三年至十四年（1640～1641）所發佈有關禁約的告示列表，以深入探討行政命令涵蓋範圍，從表6-1列所出的告示共五十九道，涵蓋層面涉及災荒賑濟、禁約訴訟、鈔關、商稅、禁禦盜賊海寇、捕蝗、漕糧等各項事務；發佈的地域範圍遍及應天府所屬各府州縣，發佈的地點則有滸墅鈔關、太倉州及各縣倉場、洞庭西山、京口驛、玄妙觀、無錫等處水營，其中還因招募船隻以便運送漕糧之事務，將相關告示刊布後交予船戶。

圖 6-2：南直隸揚州府位置圖

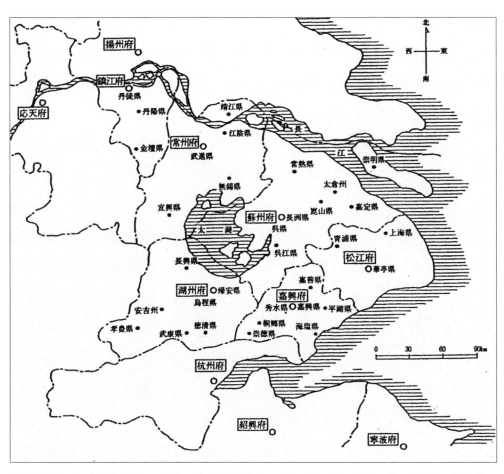

資料說明：揚州府位於長江下游，隸屬於南直隸，領三州七縣，直轄江都、儀真、泰興縣；
　　　　　高郵州領寶應、興化縣，泰州領如皋縣，通州領海門縣。

表 6-1：應天府巡撫告示（1640～1641）發佈範圍一覽表

編號	時　　間	發佈告示	內容性質	發佈範圍
1	崇禎 13 年 4 月 15 日	爲首禁囂訟以安民生事	禁約訴訟	行五道應天府
2	崇禎 13 年 4 月 22 日	禁約告示	嚴加關防	各屬地方
3	崇禎 13 年 4 月 23 日	爲首禁囂訟以安民生事	禁約訴訟	轅門
4	崇禎 13 年 5 月	爲督撫地方事	興革地方積弊	
5	崇禎 13 年 5 月 2 日	爲申飭商民平糶以佐荒政事	災荒救濟	
6	崇禎 13 年 5 月 29 日	爲祈禱遏糶之禁大沛鄰封事	災荒救濟	蘇州府、長洲縣、吳縣
7	崇禎 13 年 6 月 7 日	爲督撫地方事	災荒救濟	吳淞
8	崇禎 13 年 7 月 1 日	爲督撫地方事	災荒救濟	青浦縣
9	崇禎 13 年 7 月 15 日	爲督撫地方事	災荒救濟	各地方
10	崇禎 13 年 7 月 24 日	爲督撫地方事	災荒救濟	無錫、常州、丹陽、京口
11	崇禎 13 年 7 月 26 日	爲督撫地方事	災荒救濟	
12	崇禎 13 年 8 月 4 日	督撫軍門示	災荒救濟	楓橋、關上、無錫、常州、丹陽、鎮江
13	崇禎 13 年 8 月 4 日	爲督撫地方事	鈔關、商稅	滸墅鈔關
14	崇禎 13 年 10 月 4 日	爲督撫地方事	禁盜安民	出示十府一州、牌行各道
15	崇禎 13 年 12 月 11 日	爲償運糧儲事	漕糧	督糧道
16	崇禎 13 年 12 月 15 日	爲督撫地方事	禁盜安民	崇明縣前
17	崇禎 13 年 12 月 20 日	爲練兵待遥事	兵糧	刊刷分發撫屬
18	崇禎 14 年 1 月 8 日	爲督撫地方事	禁禦海寇	崇明縣
19	崇禎 14 年 2 月 2 日	爲督撫地方事	禁盜採煤礦	洞庭西山
20	崇禎 14 年 2 月 12 日	爲督撫地方事	禁囤米糧	休寧縣
21	崇禎 14 年 2 月 4 日	爲償運糧儲事	漕糧	各倉場
22	崇禎 14 年 2 月 6 日	爲漕務事	漕糧	嘗鎮道
23	崇禎 14 年 2 月 10 日	應天督撫軍門示	禁囤米糧	刊貼遍示
24	崇禎 14 年 2 月 25 日	爲遼務事	漕糧	吳江
25	崇禎 14 年 3 月 2 日	應天府督撫軍門示	解糧	蘇、松、嘗三府
26	崇禎 14 年 3 月 13 日	爲督撫地方事	漕糧	長洲、吳江二縣
27	崇禎 14 年 3 月 22 日	爲督撫地方事	禁捕役誣陷	嘉定縣
28	崇禎 14 年 3 月 23 日	爲償運糧儲事	漕糧	太倉州倉場

29	崇禎 14 年 3 月 26 日	爲督撫地方事	赴倉領兌	縣倉場
30	崇禎 14 年 4 月	軍門示	禦寇安民	
31	崇禎 14 年 4 月	爲督撫地方事	禦寇	宜興縣
32	崇禎 14 年 4 月 2 日	督撫軍門示	運糧期限	無錫縣
33	崇禎 14 年 4 月 14 日	爲儹運白糧事	漕糧	太倉
34	崇禎 14 年 5 月 5 日	爲督撫地方事	嚴禁無賴生事	玄妙觀
35	崇禎 14 年 6 月 15 日	軍門示	禁擅入官府	黏貼東西轅門外
36	崇禎 14 年 6 月 20 日	應天府督撫軍門示	催解漕糧	無錫水營把總、丹陽水營把總、鎮江把總等
37	崇禎 14 年 6 月 21 日	爲督撫地方事	漕糧	
38	崇禎 14 年 7 月 10 日	爲儹運白糧事	漕糧	未完州縣
39	崇禎 14 年 7 月 12 日	爲督撫地方事	禦寇安民	太湖縣
40	崇禎 14 年 7 月 19 日	爲督撫地方事	漕糧	
41	崇禎 14 年 7 月 21 日	督撫軍門示	禁擅入官府	掛牌轅門
42	崇禎 14 年 7 月 23 日	爲督撫地方事	漕糧、疏通河道	長洲、吳江二縣
43	崇禎 14 年 7 月 29 日	爲督撫地方事	催徵漕糧	
44	崇禎 14 年 8 月 1 日	督撫軍門示	捕蝗、催糧	轅門
45	崇禎 14 年 8 月 12 日	爲殘疆萬難再誤事	禁富豪私債	各府州縣
46	崇禎 14 年 8 月 13 日	爲督撫地方事	捕蝗、催糧	六門
47	崇禎 14 年 8 月 22 日	爲督撫地方事	端正風俗	崑山縣前、平洛鎮、轅門
48	崇禎 14 年 8 月 23 日	軍門示	遵守軍紀	
49	崇禎 14 年 9 月 2 日	督撫軍門示	徵收邊餉	刊示遍貼
50	崇禎 14 年 9 月 26 日	軍門示	官軍移防	轅門、京口驛
51	崇禎 14 年 10 月 23 日	軍門示	禦寇	吳淞、崇明
52	崇禎 14 年 10 月 30 日	爲儹運糧儲事	招徠米商	轅門、六門、松、長、鎮三府
53	崇禎 14 年 11 月 15 日	爲督撫地方事	盜賊斬首示眾	金壇縣、句容縣、溧陽縣、溧水縣
54	崇禎 14 年 12 月 2 日	爲儹運糧儲事	放行糧船	滸墅鈔關
55	崇禎 14 年 12 月 3 日	爲儹運糧儲事	漕糧運輸	倉場
56	崇禎 14 年 12 月 5 日	遵旨募船運漕事	漕糧	刊於船戶
57	崇禎 14 年 12 月 13 日	督撫軍門示	禁約訴訟	轅門
58	崇禎 14 年 12 月 14 日	爲儹運糧儲事	漕糧運輸	丹陽
59	崇禎 14 年 12 月 16 日	應天府督撫軍門示	禦寇盜賊	蘇州府

從崇禎十三年至十四年（1640～1641），兩年之間官府告示榜文的發佈情形，如實反映出當時的社會現狀。崇禎十三年（1640）五月以來，應天府地區發生災荒，巡撫黃希憲為此發佈至少約八道以上的行政命令，處理有關救濟飢民的相關措施，範圍包含應天府等各府州縣，直至八月初左右，災荒與救濟情形大致獲得舒緩。同年八月之後，由於災荒所引發的後續效應，致使盜賊與海寇肆虐的情形愈趨頻繁，應天巡撫的施政方針則偏向於禦寇禁盜，並為此出示十府一州、各道，嚴加偵緝可疑人等，若有犯罪情事則擒拿到案，以期敉盜安民〔註20〕。至崇禎十四年（1641）以後，關於催徵漕糧與轉運等相關事務，幾乎成為當應天府督撫前急需處理的政事，單就發佈有關禁止囤積米糧、招徠米商、疏通河道、徵集糧船等與催糧有關事務，即高達二十四次，平均每月即需發佈兩張告示，其程度頗為頻繁，整整持續長達一年之久，六月二十日為解決漕糧運輸問題，於楓橋、滸墅關至京口等處刊布〈應天府督撫軍門示〉，並要求無錫水標營、丹陽水營、鎮江等處把總與守備官員沿河巡察，若有旗軍沿途逗留或藉機騷擾，以致於漕運延期誤事，則擒拿旗軍、船戶問罪。〔註21〕

由此可知，官方告示榜文的發佈範圍，代表著有效行政權力之行使，超出所屬範圍之外，即屬無效。一般而言，告示榜文的法律效力範圍，多與所轄的行政區域有關，如一縣所發佈的告示範圍僅限於一縣，一府所發佈告示的範圍僅限於一府，其餘機關衙門如鈔關、衛所、巡檢司等，則依照所管轄範圍與信地，告示的法律效力各有不同。

既然告示榜文的張掛範圍，牽涉到法令施行與相關權限等問題，一旦範圍更動，便影響法律效力的執行。正統六年（1441）二月，為因應京師多盜的問題，法司奏請制訂將腹裏衛所犯有搶奪、偷盜等罪行的旗軍，採取南北互調的方式，即南人充發廣西，北人發遼東邊衛充軍〔註22〕。若屬於邊衛逃來為盜者，俱照年限守墩哨瞭，三犯竊盜免死充軍，逃回者照前地方發極邊衛所看守瞭望，並出榜曉諭。然而榜文發佈後，卻引起群臣激辯：

〔註20〕《撫吳檄略》，卷一〈嚴禁約束告示・為督撫地方事〉，頁30下～31上。
〔註21〕《撫吳檄略》，卷三〈嚴禁約束告示・應天府督撫軍門示〉，頁22上～下。
〔註22〕充軍制度，是將罪犯發入軍伍充作軍人的懲罰方式，主要是發遣至邊境地區為主，相較歷代，明代充軍的規模、範圍、對象為歷代之最。關於明代充軍制度的運作，詳參見：吳艷紅，《明代充軍研究》（北京：社會科學文獻出版社，2003年4月第一版）。

至是大理寺右寺正李從智言：「榜文禁納止於在京，未嘗通行天下。又無不分榜例前後，一體發遣之語，今法司問遣例後者亦如例前，在外者不殊在內，有乖朝廷仁政之施。」上以其疏示法司。刑科給事中廖莊言：「從智所言固善，不知盜律本以得財多寡，所犯再三，重罪之。輕重今若一概發遣邊衛，不但有乖革心改過之化，且行之既久，衛所見在軍士數少，差操不無重複役使，不得休息，盜賊不免愈生。臣愚以為乞罷此例，有如屢犯不悛，法司具奏取裁。」奏入，上復命法司酌量適宜以聞。尚書魏源、都御史陳智等言：「宣德間旗軍人等犯盜調發邊衛，遵行十餘年，盜息民安。近因請旨裁革，不逾一年致盜蜂起，從智所言固難准，而莊之論亦違律條，所載盜賊編發充軍事意，宜仍依法司集議所定行之為便。」上曰然。〔註23〕

刑科給事中廖莊所持的立場，在於規定罪責時需採取「重罪重罰」的量刑角度；而大理寺右寺正李從智，則從榜文的發佈與涵蓋範圍為基礎，著眼於法令執行的合理性與否，所以質疑：(1)強調搶奪偷盜旗軍充軍的榜文，僅限於頒行京師地區，並未通行於天下，因此京外地區並不具有施行的效力。(2)充軍榜文之內並無註明「不分榜例前後，一體發遣」之語，將會造成法司判決時無所適從，無法明確依據新例或舊例。此種律法判決的原則性，《明律》在〈斷罪依新頒律〉條文中即規定：「凡律自頒降日為始，若犯在已前者，並依新律擬斷。」〔註24〕當新舊律文發生衝突或歧異之時，率皆以新頒訂的條文為依據，一旦以新律或新例擬斷的原則性遭到破壞或質疑，勢必對法司審判造成衝擊。因此告示榜文的張掛範圍，牽涉到法令施行與權限問題，所以告示範圍有所更動，若未能適時予以告知軍民百姓，如此勢必影響法律效力執行的合理性。

第二節　告示榜文的發佈程序

一、告示發佈的正當程序

從中央到地方各級官署衙門，皆是政治、經濟中心之所在，中央機關的

〔註23〕　《明英宗實錄》，卷七十六，頁3上～下，正統六年二月甲戌條。
〔註24〕　《明代律例彙編》，卷一〈名例律・斷罪依新頒律〉，頁375。

各部院如吏、戶、禮、兵、刑、工等六部與都察院,大致皆依照所屬事類不同,所負責發佈的告示內容各有所異;地方官署衙門,府級以上則以都指揮司掌軍政、布政司三司分掌民政、按察司掌司法,總歸三司分理,府級以下則由掌印官統轄所屬地方事務。

　　朝鮮所編纂的《吏文》一書,收錄有關明代各種公牘文書的體例格式,例如咨、奏、申、呈、照會、榜文告示等內容,以作為朝鮮官員學習的範本,其中卷四收錄榜文共四十一榜,為研究明代榜文制度運作的重要資料〔註25〕。從《吏文》所收錄的明代告示榜文內容,其發佈告示機關涵蓋禮部、兵部、吏部、都察院等部院,與遼東地區所屬各府州縣衙門。從表 6-2 較值得注意的是,驛站亦有發佈告示之權力,如通州潞河水馬驛(4)、薊州漁陽驛等(37),發佈告示的官員即為驛丞,而驛站的告示內容是以驛站人夫安全與相關設施維護為主;此外,因遼東地區驛站位居兩國邊境,具有特殊的地位,所以禁約朝貢使臣等涉外告示榜文內容,數量亦有不少。

表 6-2:《吏文》所見明代告示榜文發佈衙門表

序號	出榜時間	出　榜　單　位	事　　　　　略
1	洪武 35 年 11 月 1 日	禮部	禁約販賣番貨事
2	宣德 1 年 8 月 6 日	兵部	漢王反叛事
3	宣德 5 年 12 月 16 日	永平府	禁約擾害驛使事
4	正統 5 年 3 月 24 日	通州潞河水馬驛	禁約外國朝貢人等侮害驛所事
5	正統 6 年 1 月 12 日	禮部	皇帝婚期近送女子赴京事
6	正統 7 年 5 月 13 日	兵部	會同館新蓋不許作踐損毀事
7	正統 7 年 9 月 27 日	都察院	禁約偷盜瓦剌使臣馬駝行李事
8	正統 8 年 1 月 30 日	廣寧前屯衛備禦署都指揮使	達賊近邊隄備事
9	正統 8 年 9 月 16 日	都察院	禁約欺侮瓦剌使臣事
10	正統 11 年 11 月 23 日	撫寧衛指揮使司	禁約阻擋鈔法事
11	正統 11 年 11 月 28 日	兵部	清理軍伍事
12	正統 12 年 1 月 10 日	禮部	大祀文武官員致齋事

〔註25〕參見:連啓元,〈公牘範本與情報蒐集:朝鮮《吏文》的明代榜文收錄特色〉,《明史研究專刊》第十六期,2008 年 7 月。

13	正統 12 年 9 月 17 日	遼東都司	禁約賣與外夷青花磁器事
14	景泰 7 年	都察院	禁約詐騙正月赴京諸司官員財物事
15	景泰 7 年 10 月 24 日	都察院	禁約私宰耕牛事
16	景泰 7 年 12 月 29 日	兵部	禁約放班軍人攪擾居民事
17	景泰 8 年 1 月 1 日	吏部	禁約詐騙正月赴京諸司官員財物事
18	天順 1 年 1 月 26 日	都察院	于謙等反亂伏誅事
19	天順 2 年	薊州	禁約朝貢野人攪擾沿途事
20	天順 2 年 9 月 3 日	兵部	招募軍務將士事
21	天順 6 年 8 月 8 日	海州等衛備禦把總指揮使	達賊盤捕事
22	成化 2 年 2 月 22 日	禮部	禁約不遵冠服器皿房屋等定制越禮僭分事
23	成化 4 年 1 月 9 日	都察院	曉諭錦衣衛巡捕強盜事
24	成化 7 年 11 月 1 日	禮部	頒曆事
25	成化 7 年 11 月 22 日	都察院右副都御史	防範流民進山竊礦事
26	成化 8 年	都察院	禁妖書妖言事
27	成化 8 年	禮部	禁約朝貢夷人伴送通事等情弊事
28	成化 10 年	禮部	延宴位次事
29	成化 12 年	都察院	禁約僧尼不守戒行犯奸事
30	成化 12 年	兵部	禁約交通夷人賣與軍需事
31	不詳	會同館	禁約擅入會同館買賣事
32	不詳	薊州永平山海等處總兵官	禁約擅騎驛馬驢匹事
33	不詳	戶部委官主事	糴買糧米事
34	不詳	欽差提督遼東軍務都察院左副都御史	禁約擅起站馬事
35	不詳	永平府	禁革倉場驛分收放錢糧姦弊事
36	不詳	海州衛指揮使司	懲勵遼東官吏事
37	不詳	薊州漁陽驛	驛舍修理事
38	不詳	薊州豐潤縣	賑濟飢荒人民事
39	不詳	廣寧中衛指揮使司	禁約驛遞宿弊事
40	不詳	祠祭清吏司	禁革各處保來僧道無得行賄囑事
41	不詳	薊州豐潤縣	禁約詐稱當職第姪兒男等作弊事

從列表之中可發現到官方告示榜文不僅可由衙門機關所發佈，亦可由職官（掌印官）逕自發佈，如都指揮使、右副都御史、總兵官、戶部主事等，特別是有關軍事事務方面，以武官逕自發佈的情形居多，如廣寧前屯衛備禦署都指揮使(8)、海州等衛備禦把總指揮使(21)、薊州永平山海等處總兵官(32)、都察院右副都御史(25)等，所發佈的告示榜文皆與軍務或捕盜、防務相關，這種以職官署名發佈的告示情形，應與軍事事務具有臨機專斷之特性有關。所以，明代告示榜文之發佈程序，在承接行政命令後，除委由所屬衙門機關發佈，另可由掌印官逕行發佈，兩者同樣具有法令效力的依據。

表 6-3：《吏文》所見榜文內容類型表

事　務　類　型		內　容　序　號	總計（榜數）
軍　事	遼東防務	8、21、36、40	13
	軍　伍	11、16、20	
	驛　遞	3、32、34、35、37、39	
外　交	會　同　館	6、31	10
	朝貢交易	1、13、19、27、30	
	外交使臣	4、7、9	
內　政	禮制／禮儀	5、12、22、28	18
	僧　道	29、40	
	反　叛	2、18	
	私　宰	15	
	賑　濟	38	
	流　民	25	
	妖　書	26	
	其　他	10、14、17、23、24、33	

此外，由《吏文》所收錄的明代榜文內容類型，可分為軍事、外交、內政事務等三大類：

（一）軍事事務

主要是涉及有關遼東地區的官吏職務與國防事務，如邊境屯堡的防備情形(8)、將士兵員的招募(20)、邊關盤查(21)等；而驛遞的相關禁約內容，也

集中在鄰近遼東的地區如薊州(37)、永平府(3)(35)、以及廣寧中衛等境內所屬衛所(39)，大體是因為遼東地區為明朝與朝鮮的邊境，若能確實掌握明廷對此地區的政令決策與軍事行動，有助於朝鮮做出最快速且有效率的反應。

（二）外交事務

外交事務涉及會同館、朝貢貿易、外交使臣三個事項，其中針對朝貢交易規定有：違禁品的規範(13)(30)、交易糾紛的預防(1)(31)，另外是在規範外交使臣的事項上，則有規定驛遞人員與軍民不得偷竊使節行李(7)或交易時欺騙使節(9)、同時也限制外交使節藉故欺凌驛遞人員與當地軍民(4)，由於外交使臣的身份特殊，若發生糾紛或衝突勢必影響兩國國交，所以事先予以禁約防範。

（三）內政事務

所收集的事項甚為廣泛，包含皇帝婚期(5)、齋戒祭祀(12)、僭越違制(22)、延宴(28)等禮制禮儀，以及賑濟(38)、流民(25)、妖書(26)、鈔法(10)等各種雜項禁約，其中還包含所謂的內亂反叛事件(2)(18)。

事實上，朝鮮對明廷的內政與國家發展等訊息變動皆極為關注，以便作為處理外交事務時所持的態度依據。以燕王朱棣（1403～1424）發動靖難之變為例，朝鮮於建文元年（1399，李朝定宗元年）燕王舉兵之時，直至建文四年（1402，李朝太宗二年）戰勝並擊潰建文帝軍隊為止，無論是透過歸國使者、明朝通事、或因戰亂逃歸朝鮮的遼東軍民，收集彙集相關情報，對於事件對象、行動變化等各項訊息都確實掌握，而能在最快時間內作出適當修正的外交政策。〔註26〕

因此，從《吏文》所收錄的明代榜文內容類型，表面上以內政事務居多，但分析其事項則較為廣泛、雜散，反而不如軍事與外交事務針對特定事項的集中收錄，而且兩者之間互有牽涉。這說明了藉由內政事務的收集，雖然可以瞭解明朝國家發展情形，但編纂《吏文》作者更偏重於軍事與外交方面的資料蒐集，特別是邊境遼東地區的動態，反映出《吏文》對於邊境情報的關注與情資蒐集的動機有關。

告示榜文的發佈既有一定的程序與規定，而中央所轉發的榜文，多由皇帝旨意所擬定，然後發下各所屬部院衛門再轉發各地三司、府州縣執行。關

〔註26〕《明代建文朝史の研究》，頁 269～302。

於告示榜文之撰擬，多由翰林院學士負責。景泰元年（1450）九月，戶部尚書兼翰林院學士陳循（1385～1462）奏請，凡六部、都察院等衙門奏奉聖旨請寫冊祭、封謚、聖旨榜文等項手本，應需有各衙門堂上官用印，方許送院〔註 27〕。加蓋堂上官用印之目的，是在預防旁出濫用之弊，以免皇權旁落之虞。

三楊之一的楊士奇，其子楊稷憑仗權勢，為禍鄉里，楊士奇雖屢次寄書訓斥，卻仍然無法改變其頑劣個性，於是「移文兵部及都察院填寫內府勘合，行下府縣出榜禁約」，楊士奇冀望透過官府的力量訓誡不肖之子，以免鄉里遭其荼毒〔註 28〕，此舉或許未必能產生效用，但經過官府批示而張貼的告示，具有絕對的法律效力，不僅可以規範鄉里，更可制約其子惡劣之行為，而發佈程序即由兵部轉下府州縣出榜。成化十年（1774），為嚴禁閑罷生員把持官府、濫興訴訟，朝廷即敕命法司申明禁例，並「轉行各司府州縣，嚴加禁約。」〔註 29〕盧象昇（1600～1638）在撫鄖任內，適逢流賊肆虐，待官府平定流賊之後，正當注重地方善後與恢復生息時，卻有奸民趁隙騷擾，索騙良善百姓，對此等頑劣奸民，盧象昇採取張貼告示的方式加以嚴禁，告示內容首先轉發各該道官員，並移文守巡上、下荊南道，再轉至各所屬地方〔註 30〕。發佈程序即由巡撫轉下各分守、分巡道，然後轉行府州縣出榜禁約。

所屬機關在接到行政命令後，除依照規定出示榜文之外，有時還要將所出示榜文內容、式樣，備份送至上級機關，以備查核〔註 31〕。嘉靖十二年（1533）大同兵變再起，朝廷派遣劉源清總制宣府、大同諸鎮軍務，並督率官軍平定，劉清源認為當以忠義之心激發大同亂軍，故而發佈三道告示予以曉諭，而此三道告示另需恭錄後進呈御覽，以便朝廷瞭解其用兵謀劃之情形〔註 32〕。在處理地方政務時，府州縣官同樣必須將告示內容呈報上司備案，福建運司在規定黃琦分司的人役馬夫與役銀數量時，條列要求按月支給，自行供辦，不

〔註 27〕《明英宗實錄》，卷一九六，頁 4 下，景泰元年九月庚戌條。
〔註 28〕《東里文集》，《奏對錄》，〈為鄉人訴告事〉，頁 432。
〔註 29〕《皇明條法事類纂》，卷八〈吏部類‧禁約閑罷生員吏典並官〔下〕舍人等充當里長及營求管事修造申明亭推選老人理斷詞訟禁約勢豪逼討私債〉，頁 378。
〔註 30〕《盧象昇疏牘》，卷三〈撫鄖公牘‧禁約〉，頁 63。
〔註 31〕《楊宜閒文集》，卷十二〈與河南藩司〉，頁 24 下～25 上。
〔註 32〕《太師張文忠公集》，卷八〈議處大同兵變第三〉，頁 29 上～下。

許索勒商人，除將條約刊刻懸掛於該司門首外，另具呈巡按御史備案批准，然後遵照施行〔註33〕。文林（1445～1499）任溫州知府時，所出約束地方詞訟榜文，亦需轉呈提刑按察司僉事朱處定奪，然後方能示下施行〔註34〕。崇禎九年（1636）五月十六日，長洲知縣在禁約地方豪強侵佔川澤等事宜時，除委由地方漁戶於朝天、獨墅等湖口，刊立石碑告示之外，另需將禁約內容刷印二張，申報巡撫察院備查：

> 長洲縣為懇詳公舉禁豪占疏川澤等事。奉欽差巡撫都御史張憲牌備開，豪棍袁魯厚占湖罟利，已據該縣招解本院究罪重懲，以後湖盪概不許告佃外，第恐奸民故智復萌，相應勒石永禁。為此碑，仰本縣官吏照查招詳批示，諭令原呈里排地方漁戶俞喬等自立石碑，示禁于朝天、獨墅等湖口，永為遵守，違者協拿解院重究，仍將石碑刷印二張申報。〔註35〕

因此地方事務經官府批准之後，無論是張貼告示或豎立石碑，都需要將告示內容呈報上級機關備案，以符合完整的告示榜文程序。

南京戶部主事堵胤錫（1601～1649）在督理北新鈔關時，為奏請設立禁革長單石碑，首先開造相關簿冊，備文呈報南北部堂，待上級機關批示之後，始刊布告示於鈔關：

> 謹將長單貨件開造一冊，備文呈詳南北部堂，及通行移會撫、按、鹽三院，并布、按二司、守巡道、府州縣等各衙門嚴示永禁。去後奉督撫都院熊批，包攬把持率緣長單作祟，據詳剔盡，會商榷政一新，如行勒石永禁，以肅關政。繳復頒禁革榜示一道到關。〔註36〕

堵胤錫既開造相關簿冊，然後備文呈報南、北各部堂，並等候禁革榜示之頒降；同時發佈行政命令，移文通行知會撫、按、鹽三院，并布、按二司、守巡道、府州縣等各衙門，說明禁革相關事務，以便準備刊布告示。其發佈告示之程序，大致依照行政層級依序而上，直到朝廷議定後頒降榜文至北新關，然後移文至所屬機關。

所屬衙門受到上級機關所轉發的告示榜文後，需隨即加以刊刷張貼，若無確實執行，將受到相關處罰。如〈直隸蘇州府常熟縣為待憲號冤憐准立碑

〔註33〕 《福建運司志》，卷十〈供億志‧公費〉，頁12下～13上。
〔註34〕 《文溫州集》，卷七〈溫州府約束詞訟榜文〉，頁5下。
〔註35〕 《明清以來蘇州社會史碑刻集》，〈長洲縣奉憲禁占佃湖盪碑〉，頁583。
〔註36〕 《榷政紀略》，卷三〈革長單‧禁革長單碑文〉，頁2下～3下。

事〉所提及，因前任常熟縣知縣的懈怠，未能將執行上級機關所交付之禁革
鋪戶弊端等事項，確實刊刻告示於地方鄉里，遂被憲台申誡，此後地方鋪戶
林輝、邵聘賢等人再次呈報應天巡撫，轉發至新任知縣申明禁約：

> 案經出示嚴禁去後，今該本縣知縣宋看得綢鋪之承值，以浮靡濫用，
> 致虧資本，誠可矜憫。及查前縣業雖申禁，未經立石，致林輝等干
> 請兩臺，憲禁不啻諄切，本縣蒞任，即經釐剔夙弊，諸凡鋪行，并
> 不干擾。今蒙憲示立石，永遵無替，具由申，蒙巡按監察御史潘批
> 開，准速立石上繳。又蒙親差整飭蘇松兵備監理糧儲水利提刑按察
> 司副使熊批開，鋪行申禁已久，況奉兩院嚴批，准勒石永遵繳。蒙
> 此，擬合遵行，須至立石者。

> 天啓三年正月□日，知縣宋賢，縣丞何起任、孫文奇，主簿王好仁、
> 陳所見，典史謝朝采，吏秦士琦，書顏廷用。〔註37〕

從碑文內容「前縣業雖申禁，未經立石」，說明立石碑刻代表著政令的確切執
行，並具有禁約遵行不變的意義，相較於告示榜文的方便張掛、撤銷，石碑
的豎立代表此政令、禁約實行的長久性，故而「立石」舉動所反映的意涵，
甚至比張掛告示榜文具有更大的法律效力。所以前任常熟知縣，即因未經立
石，遂被地方鋪戶視爲無心執行政令，罔顧鋪戶生存權益，故而再次聯名呈
報應天巡撫，儼然有彈劾知縣之態。或許受到鋪戶彈劾的影響，常熟縣知縣
落得去職下場，新任知縣宋賢初到，隨即勒石申禁鋪戶之弊，嚴禁差吏需索
常例，並在告示碑文上詳述事件經過情形。

官方告示內容既已備案呈報上級機關，然後需將告示確實刊布於各處，
靜待上司查驗。如《福惠全書》所載：

> 若頒行文告，務須張掛通衢。上司告示，或係禁止申飭，應刻榜者，
> 即遵示列榜；應貼某所者，即貼某所。恐上司經過親見，或差人探
> 看，以爲藏匿，有心疑其行止也。〔註38〕

以上事例皆說明，所屬負責機關無論是在接到行政命令，或具擬告示榜文之
時，皆需將所出示的榜文內容、式樣，備份送至上級機關以備查核，然後將
告示確實刊布於各地，以傳達政令之施行。此舉不僅是爲了讓行政命令能確

〔註37〕《江蘇省明清以來碑刻資料選集》，〈常熟縣爲待憲號冤憐准立碑〉，頁572～
573。
〔註38〕《福惠全書》，卷四〈蒞任部・承事上司〉，頁8上。

實執行，同時有保存卷宗文簿的作用，其功能即類似今日檔案保存。以福州布政使司衙門失火爲例，除發佈緊急命令處理災變之外，另一重要程序即是清查燒毀的文卷數量，然後派人前往相關府州縣謄抄散失資料，即是最清楚的事例。〔註39〕

既然告示榜文的發佈具有一定的程序，需由上級機關層層轉發至所屬機關衙門，因此張貼告示所使用紙張之大小，有其相關規定，不得擅自逾越。《湧幢小品》曾記載朱國禎（1558～1632）於萬曆年間經過京師之時，所見各衙門告示大小逾制的情形：

> 前在京中過安福衚衕，見兵馬司告示大於巡城御史，後歸家見驛丞
> 告示大於知縣，乃富翁之告示僉以朱筆懸之通衢。蓋人之不自分如
> 此，而風俗紀綱可概見矣。〔註40〕

朱國禎看見兵馬司告示大於巡城御史，驛丞告示大於知縣，乃至於民間百姓竟以朱筆書寫告示，因而感慨風俗澆薄，這正說明告示榜文的紙張大小，是依照發佈機關的層層而下，所屬機關衙門的告示，不得大於上司的尺寸規格，否則即屬違制逾越。

告示榜文的刊布，未必完全是官府所提議與發起，有時是百姓基於生活需要，透過鄉里群眾的聯名簽署、或里老鄉紳建議，再呈請官府批示後，制訂爲條法然後刊布，始具有行政法律效力。如萬曆四十八年（1620），蘇州府嘉定縣民瞿汝謙等三十二人，聯名呈請官府漕糧能永爲改折，經知府批示後，遂得以刻石立碑爲記〔註41〕。西湖淨慈寺因往來遊人眾多，破壞寺院清幽環境與僧眾作息，住持乃呈文至浙江布政司，然後由官府出示榜文加以嚴約〔註42〕。太和縣爲共同抵禦流寇，師法寓兵於農的方式，規定從各縣之中，每排各派出強壯子弟知曉武藝爲兵，並資給口糧衣杖，所發佈告示的命令來源，則是由「眾議僉同，輿情踴躍」，顯然是經過並徵求地方公議之後，所發佈的行政命令〔註43〕。天啓三年（1623）常熟縣綢鋪戶林輝等十三人，也是爲了禁止吏役的無端苛索侵擾，於是聯名呈報縣衙，經御史批示後，再

〔註39〕關於福州布政使司因官署火災所發佈之相關行政命令與處理程序，請參閱第三章第一節。
〔註40〕《湧幢小品》，卷十五〈告示〉，頁18下。
〔註41〕《上海碑刻資料選輯》，〈嘉定糧里爲漕糧永折呈請立石碑〉，頁137～138。
〔註42〕《南屏淨慈寺志》，卷九〈檄諭〉，頁19下～20上。
〔註43〕《太和縣禦寇始末》，卷下〈告示五・照里派兵〉，頁99。

由知縣宋賢立碑，嚴格申明禁令。〔註44〕

官府告示榜文的刊布，不少是受到里老鄉紳聯名簽署或建議，這種地方公議的產生，足以影響官府之政令決策。因此，明代地方發佈告示榜文程序，大致如圖 6-3 所示：

圖 6-3：明代地方官府發佈告示榜文程序圖

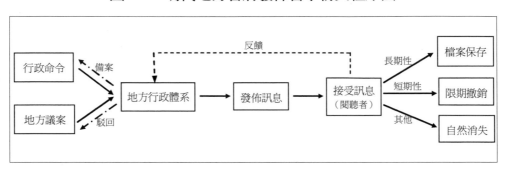

從明代地方官府發佈告示榜文程序來看，可就其內容來源與法律效力加以分析：

（一）內容來源

官府發佈告示榜文的來源大致有二：

1. 行政命令

多是承接朝廷聖旨或上級機關的行政命令所轉發，或是由官府本身自治權力而刊布相關告示禁約。

2. 地方議案

即由地方百姓與鄉紳，透過聯名簽署或推派代表，再向官府建議事項，若官府不認可則予以駁回；若經過官府允許批示之後，然後予以發佈告示，如此則與行政命令相同，具有其法律效力。而地方所提議之內容，主要多是與地方利益有關。

（二）法律效力

榜文發佈之後，始具有法律效力，凡撤去告示榜文之後則消失其法律效力。依照告示榜文的法律效力程度，可分為長期性質——即透過豎立石碑、木牌，延長期時效性，必要時甚至將內容編纂至會典等官方政書，形成條律

〔註44〕《明清蘇州工商業碑刻集》，〈嚴禁至累綢鋪碑〉，頁 3～4。

明文或成例；短期性質——即政令執行期限屆滿後，撤銷告示；此外，當行政命令得不到民眾支持，或受到阻礙時，告示往往無疾而終的自動消失。從官方告示榜文的法律效力程度與民眾接納程度，即可反映出朝廷對地方的治理與控制能力如何。

由此可知，明代政府告示榜文的發佈來源，具有行政命令與地方議案兩種來源的「雙軌制」行政特性。上級的行政命令，是由皇帝為主的中央機構所發佈，再依照事類不同，層層轉發至所屬機關執行；地方議案的提出，雖然因為仕紳階級具有社會地位上的優勢，而多由其所主導，作為類似地方代理人的性質，但部分事例說明普通百姓也具有地方議案提出的可能性，即凝聚群體意識所採行「聯名呈請」的方式。藉由對事件的共同看法或需要，逐漸凝聚公眾意識，或透過仕紳階級代理與官府交涉，或逕自呈請官府決議，而公眾意識之凝聚，迫使地方官府在施政時，必須顧及到公眾意識以達到符合地方的實際需求。

此外，對於地方官府命令來源值得深入探討的是，地方公眾意識的凝聚與結合，反映出地方社會的組織結構，除了單一由朝廷以行政命令交付地方官員，或透過地方仕紳的、里甲執行的垂直統合（vertical integration）體系之外，另有以地方社會動員的方式，使民意上達政府所形成的平行統合（horizontal integration）體系〔註45〕，而後者的意識結合，通常是發自於統整地方資源或爭取權益，企圖於中央統治權力之下，爭取更多地方治理的彈性空間。因此，相對於中央朝廷與地方社會的互動關係，說明了並非只有單一直接控制的情形，所凝聚的地方公眾意識，代表著一股對抗或協調的影響勢力，同時成為地方政府施政的來源之一。

所以明代告示榜文的發佈程序，大體是依照所屬事類的不同，由中央或地方機關負責相關政務，然後再依行政機關層級依序轉發而下。此外，無論告示榜文之發起者為何，首先都必須透過法定的官方機構許可，經過刊布或豎立石碑、木牌，使信息傳達於百姓民眾，然後才具有公信力與法律效力，否則皆屬於不當或無效的告示榜文。官方告示的來源，除官府接受上級行政命令，或本身自治權力所刊布的告示，另外還來自地方鄉里議案，這說明地

〔註45〕蔡慧玉，〈「國家內捲化」（State-Involution）論爭：再論政府與社會的理論架構〉，《「認同與國家：近代中西歷史的比較」論文集》（南港：中央研究院近代史研究所，1994年6月），頁168～169。

方群眾意識能夠影響地方政府的運作。

二、不當程序的榜文發佈

　　發佈榜文既有一定的程序與規定，然而有些權貴憑藉權勢，破壞舊有制度，動輒以私意發出榜文告示。如天順初年石亨與太監曹吉祥，因奪門之變迎立英宗有功，遂怙寵擅權，當時有投匿名書於京師各處者，影射兩人的擅權亂政，石亨與曹吉祥得知後甚患恨，乃勸英宗出榜緝捕之：

> 天順初，石亨與太監曹吉祥怙寵擅權，有投匿名書指點時政者，緝捕甚急，舉朝惶駭。亨勸上出榜，募能告捕者，賞以三品職，上令撰榜格。岳季方（正）與呂文懿（原）入見上曰：「爲政自有體式，盜賊責兵部，姦宄責法司，豈有天子自出榜構募之理？縱欲窮治其事，緩則人情怠忽，事自覺露，急則人情危懼，愈求韜晦，不如弗究。」吉祥從傍請究甚力，上徐謂曰：「正言是也。」〔註46〕

關於此事在《秋涇筆乘》記載則是：石亨爲構陷徐友貞，遂派人假借其名僞作奏疏毀謗朝廷，然後再力勸英宗撰榜文捕盜〔註47〕。對於捕盜榜文之出示，無論是英宗親撰榜文，或由石亨代撰榜文，從呂原與岳正（1418～1472）的諫止情形來看，都是說明皇帝不應當直接參與告示榜文的直接撰寫，因爲撰寫告示榜文內容，應以其事類不同，交付所屬的部院機關草擬後，經皇帝同意再轉發予各地衙門發佈。

　　舉凡非經由皇帝同意而發佈之告示，皆屬不當程序之榜文發佈。孝宗時期（1488～1505），以張延齡爲首的宗室勛戚勢力大張，而定國公徐光祚之弟，每次下鄉邑擅坐轎乘、擅著蟒衣、擅住公館、擅出告示等違反禮法，爲朝臣所糾劾〔註48〕。正德時期（1506～1521），太監王瑓欲藉由包攬銀草之中，從中謀取私利，遂趁御馬監建新宅之時，誘武宗居之，然後趁機奏報攬納戶數人，並願意將部分所得盈利進於宮中。在獲得武宗同意之後，王瑓遂自撰告示，送戶部出榜。戶部尙書顧佐即以此事告知劉瑾及谷大用，劉瑾得知後大

〔註46〕明・焦竑，《玉堂叢語》（北京：中華書局，1981年7月第一版），卷四〈獻替〉，頁103～104。

〔註47〕明・宋鳳翔，《秋涇筆乘》，《四庫全書存目叢書》子部一一○冊（濟南：齊魯書社，1996年6月初版，據清道光十一年六安晁氏木活字學海類編本景印），頁18上。

〔註48〕明・張原，《玉坡奏議》，《文淵閣四庫全書》四二九冊，卷三〈論國戚張延齡等罪狀〉，頁39。

怒，遂與谷大用直至御前，言：「安有天子令人包納錢糧之理！」武宗假意不知情，於是劉瑾將納戶人等於戶部門外枷號，皆當日即死〔註49〕。由此可知，即使太監王琇欲自行張貼告示，仍須透過戶部出榜，否則仍屬於違制，即不當告示榜文之發佈；而劉瑾之所以制止王琇私出告示，並非站在朝廷體制的立場，而是厭惡王琇未事先稟告自己，卻逕自要求武宗發佈告示，故而將納戶處死以警告王琇。因此宗室勛戚、近侍太監等，若無皇權許可，皆無權逕自發佈告示榜文。

　　關於刊布榜文違例的情形，除權臣近侍不得擅自出榜之外，即使宗室親王也在禁止範圍之內。永樂三年（1405）七月，成祖之弟周王朱橚出示榜文，即遭到成祖的賜書誠諭：

> 賜書周王橚曰：「比各府縣錄周府長史司榜文來奏。夫朝廷與王府事體不同，長史司專理王府事，豈得遍行號令於封外與朝廷等？一家有一家之尊，一國有一國之尊，天下有天下之尊，卑不踰尊，古之制也。今賢弟居國，如諸子擅行號令於國內，其亦可乎？若奸人造此離間，即具實以聞當究治之，如實賢弟所命，則速遣人收還，仍嚴戒長史行事存大體，毋貽人譏議。」〔註50〕

由於未能見到周王朱橚所出示的榜文，因此無法斷定其內容是否就如同明成祖所謂「遍行號令於封外與朝廷」，倘若內容果真如此，即有謀逆叛國之嫌，絕非區區擅出榜文之罪可以比擬。況且明成祖方才歷經靖難之役，難免忌憚宗室諸王，遂以其皇權之尊與立場，賜書誠諭周王朱橚，強調朝廷與王府事體不同，王府不得遍擅行號令與榜文，以免遭致非議。相同的情形也見於宣德七年（1432），康王朱瞻焰因王府遭竊而出榜招募能捕盜者，即被御史奏劾此舉非制，遂問罪於王府長史楊威〔註51〕。根據明代舊制凡宗室諸王有所過失，除謀逆叛國之外，皆以王府長史代受其罪。從以上事例來看，在皇權統治體制之下，頒佈榜文代表著行政權力的執行，任何人乃至於宗室諸王皆不得擅自發佈行政命令，僅能接受並轉發皇帝之旨意而已。

　　不當的告示榜文，除了發佈程序錯誤之外，另有歸屬的從屬關係不適當等因素。洪武十六年（1383）刑部尚書開濟，曾撰寫告示榜戒僚屬：「尚書到

〔註49〕 明・陳洪謨，《繼世紀聞》（北京：中華書局，1985 年 5 月第一版），卷一，頁75。
〔註50〕 《明太宗實錄》，卷四十四，頁 2 上～3 下，永樂三年秋七月癸卯條。
〔註51〕 《明史》，卷一一七〈列傳・諸王二〉，頁 3538。

任日久，事之遲錯，皆寬大容忍復爾，則罪不爾貸。」另奏請揭于文華殿，而被明太祖以「爾告戒僚屬之言，欲張之殿庭，豈人臣禮邪？」等語，加以訓斥〔註52〕。文華殿屬於皇城宮殿，所張掛的告示榜文，必定是有關曉諭文武朝臣、京官與宗室等事務，如今刑部尚書竟將戒諭僚屬的文告揭於皇城之內，不僅屬於不當告示榜文之發佈，更是僭越行為，而開濟也因為職掌刑名過於酷虐，以及多次僭越擅權，最後被明太祖所誅殺。〔註53〕

　　對於告示榜文的禁約規範，最重要仍在於確實施行與否，若僅止於文字規定，不過流於空泛而已。何良俊（1506～？）於晚年以老疾歸居鄉里，曾在南京居住數年，因見官府買辦物品之時，皂隸動輒給值半價，或趁機訛詐，鋪戶為此甚是苦累，而衙門內的皂隸、書辦公然要索例錢，更是常見的情形，何良俊遂為此事告知當時潘恩等南京官員，希冀為地方清除積弊：

> 時潘笠江為工部尚書、錢景山為大理卿。余告之曰：「公朝廷大臣，凡生民慘舒，地方利病，安得坐視而不言。南京大小九卿衙門堂屬官幾二百餘員，此風一長，民何以堪？不但軍家殺黃侍郎，百姓亦將操戈矣。」二公毅然任之。後月餘，往見笠江，笠江問近來外邊事體何如？余對以仍舊如此。笠江曰：「吾極口與王印嚴言之，已出榜文禁革矣。」然此須豎一牌於都察院前，令被害人捧牌告首，官即參奏革職，皂隸問發邊衛充軍，庶可以少息此風。但出榜文，何益於事？〔註54〕

從何良俊之話語可以看出，對於地方政務利弊，僅出示榜文告示要求受害者申告，只是種消極的規範，能否確實執行參劾、徹查失職官員，才是根本解決之道，若未能貫徹官府權力以禁革弊端，將違法官員奏覈問罪，即使出示再多的告示榜文，同樣也是於事無補。

第三節　告示榜文的施行期限

一、施行期限的意涵

　　傳統中國的政治制度架構，往往融入儒家的思想文化，所以體現於政治

〔註52〕《明太祖實錄》，卷一五八，頁4下，洪武十六年十二月甲午條。
〔註53〕《明史》，卷三〈本紀第三・太祖三〉，頁41；《明史》，卷九十四〈刑法志二〉，頁2319。
〔註54〕《四友齋叢說》，卷十二〈史八〉，頁99。

思想上，則是將政治範疇的「政統」與道德範疇的「道統」，兩者融合爲一〔註55〕。傳統儒家對於禮、法的關係，認爲是「德主刑輔，以禮率法」，禮制崩解之後，刑法之所由生，禮與法兩者相輔相成，互爲表裡，以此爲中心思想的儒家法思想，對於中華法系影響深遠〔註56〕。既然儒家強調以仁德爲本，在執行刑罰之前，必須事先諄諄告誡百姓，使其之所遵循，否則便屬暴虐的行爲，《論語・爲政》：「道之以政，齊之以刑，民免而無恥；道之以德，齊之以禮，有恥且格。」〔註57〕說明儒家治世的理念是德治優於刑罰，同時提到即使採行刑法，也必須先予以政令教導，教導的內容應包含政令的宣傳與解釋。因此《論語・堯曰》記載：「不教而殺謂之虐，不戒視成謂之暴，慢令致期謂之賊，猶之與人也，出納之吝，謂之有司。」〔註58〕所以在推行政令之前，官府應該遍行告諭，使百姓明瞭政令內容爲何，並且要有適應政策的緩衝時間，以避免「不教而殺」的過失。

　　官府在發佈行政命令之後，然後考慮到百姓適應的情形，這種施政寬厚的仁道情懷，在秦漢以來已受到相當重視，清末汪榮寶（1878～1933）在《法言義疏》提到周代的懸法象魏，其背後之精神意涵即在於「先令後刑」，也就是法令必須先經過宣揚的階段，前期爲「以昭而示之也，示之而雖犯，猶宥之」，後期爲「以廣而諭之也，諭之而再犯，則刑之」。可見得前期的「昭示」，即是法律施行的寬限期間，由於民眾可能不熟悉政令，因此若有違犯者則予以寬宥；後期的「廣諭」即代表法令已經廣爲宣傳，並施行一段時間，如果仍有違犯者必懲之以刑罰。而此套「先令後刑」思想體系的建立，則以鄭玄的闡明最爲詳盡：

　　　　鄭司農云：「從甲至癸謂之挾日，凡十日，是以《易》稱「先甲三日」、
　　　　「先庚三日」，皆爲申命令之義。夫干有十日，自甲至癸，皆挾日之
　　　　義，而易獨取甲庚者，以甲木主仁，而示其寬令也；庚金主義，而
　　　　示其嚴令也。今夫先見者，察民未犯之前，先一日申其令，則其爲

〔註55〕金耀基，〈中國政治傳統與民主轉化〉，《中國社會與文化》（香港：牛津大學初版社，1992年），頁110～127。
〔註56〕俞榮根，《儒家法思想通論》（桂林：廣西人民出版社，1992年5月第一版），頁1～26。
〔註57〕宋・朱熹集註、蔣伯潛廣解，《四書讀本》（臺北：啓明書局，出版年月不詳），〈論語・爲政第二〉，頁14。
〔註58〕《四書讀本》，〈論語・堯曰第二十〉，頁304。

治易也。如當已犯之後，後一日申其令，則其爲治難也。」〔註59〕
鄭玄揉合漢代五行與干支的思想，藉以說明律法制度之中「寬令」與「嚴令」
的差異，若能在民眾未犯之前申明政令，則容易加以約束管理，反之則困難。
可見懸法象魏的制度，爲使萬民觀看朝廷政令頒佈的內容情形，必須挾日而
斂之，亦即法令在懸掛、頒行十日之後，方予以撤去。所以「挾日」的目的，
主要是欲使百姓齊聚宮門兩側觀看，以便瞭解政令推行的內容與相關措施；
而「斂之」並非完全撤銷行政命令，而是將政令或政書收貯起來。所以張掛
政令十日的目的，即是屬於施行前的宣導、適應時期，以免百姓疏忽或無知
而誤蹈法網，所以懸法象魏制度的「挾日而斂之」原則，即是實踐儒家「不
教而殺」的仁恕之道。

　　明代承襲傳統「以禮率法」的思想，在官府執行政令之前，需先刊布告
示榜文說明其緣由內容，因此在明初所建立申明亭制度，無論是透過官府告
知或里甲勸諭，皆是在廣泛宣達政令的功能，甚至是作爲法律效力施行的依
據，所以告示榜文的確實發佈與傳達，牽涉到執行賞罰的公正性。如永樂二
年（1404）二月，大理寺官員奏請將京師市民以小秤交易者論罪，從明成祖
的回答中，可以瞭解告示榜文的張掛，是否確切傳達至民眾知悉，是法令施
行的重要依據：

　　　大理寺臣奏市民以小秤交易者，請論違制律。上問工部臣曰：「小秤
　　　之禁已申明否？」對曰：「文移諸司矣。」曰：「榜諭於市否？」對
　　　曰：「未。」上曰：「官府雖有令，民固未悉知之，民知令則不犯，
　　　令不從則加刑，不令而刑之，不仁，其釋之。」〔註60〕

由此可知，榜文之發佈是先由官府接到行政命令，然後刊布告示，但是即使
律令已經轉發所屬諸司衙門，若未能張榜告示於市鎮之處，宣揚當前政令規
範，則地方百姓將因不瞭解法令而誤蹈法網。從詳細告知政令內容，然後規
定寬限期間以限期改正，期限過後則確實嚴格的執行政令，而所規定的寬限
時間的正是秉持儒家信條而來，避免百姓因無知誤蹈法網。

二、施行期限的類別

　　告示榜文的確實施行，是以告示榜文刊布張掛爲標準，然後始具有法律

〔註59〕清・汪榮寶，《法言義疏》（臺北：世界書局，1967 年 1 月再版），〈法言義疏
　　　　十二・先知卷第九〉，頁 2 上～下。
〔註60〕《明太宗實錄》，卷二十八，頁 2 上～下，永樂二年二月戊寅條。

效力，若撤去榜文之後則消失其法律效力；若發佈之告示榜文具有長遠性質，則透過豎立石碑、木牌，延長期時效性，甚至將內容編纂至會典等官方政書，形成條律明文或成例。官府的告示榜文刊布之後，政令傳布未必普及於各處地方，所以另有寬限的緩衝時間，短則三、五日，長則達數月之久，時限截止後則強制執行其法律效力。

地方在禁約違反良善風俗方面，在發佈告示之後，論令於限期之內設法改善，然後強制執行禁約命令。永樂時期（1403～1424）規定凡雜劇戲曲內容，除勸人為善之外，若有褻瀆帝王、聖賢等戲曲，一律拏問治罪：

> 為禁約事，該刑科署都給事中曹潤等奏：乞敕法司，今後人民娼優，裝扮雜劇，除依律神仙裝扮、義夫節婦、孝子順孫、勸人為善及歡樂太平者不禁外，若有褻瀆帝王聖賢之詞曲、駕頭雜劇，非律所該載者，敢有收藏傳送印賣，一時拏赴法司問治。永樂九年七月初一日奉聖旨：但這等詞曲，出榜後，限他五日都要乾淨，將赴官燒毀了，敢有收藏的，全家殺了。〔註61〕

對於這些違禁的戲曲，於榜文曉諭後，五日之內赴官府衙門燒毀，凡有私自收藏者誅殺全家。關於民間的妖書妖言，朝廷歷來禁革最嚴，然而無知百姓受到煽惑者甚多，因此地方官府在禁約妖人邪術的同時，有時則規定凡「扇惑人心者，榜文張掛之後，限一個月以裏，聽其自相解散。」〔註62〕民間唱戲優伶、妓女，多誘使無知鄉民流連往返，以致蠱惑人心，甚至有假借神戲為名，挨家挨戶斂財，成為盜賊罪惡之淵藪，因此李陳玉在治理地方政務時，特別刊布告示「嚴諭總甲人等并前項戲子，限十日內盡數驅逐，查有潛蹤，地方不行搬移者總甲責治，仍提護庇客留之人，盡法處置」〔註63〕，委由地方總甲負責驅逐，以免縱容此等敗俗藏奸，危害社會地方。

對於民間戲曲違禁，主要在於思想上的箝制，大凡學術思想與宗教信仰，若違背朝廷體制的規範之外，皆歸類為「左道」、「妖言」，這種異端思想是被嚴格禁止，而私造、傳用妖言妖書者，無論首從皆處斬〔註64〕。如洪武末年所流行的瑜珈法，即被成祖稱為愚妄蠱惑，而下令禮部揭榜嚴禁，違者

〔註61〕 《洪武永樂榜文》，〈為禁約事〉，頁530。

〔註62〕 《楊一清集》，《關中奏議》，卷十六〈提督類·為禁約妖人邪術扇惑愚民貽患地方事〉，頁598。

〔註63〕 《退思堂集》，卷一〈文告·逐優娼示〉，頁45下～46下。

〔註64〕 《明代律例彙編》，卷十八〈刑律一·盜賊·造妖言妖書〉，頁732。

必殺不赦〔註 65〕。嘉靖四十五年（1566）九月，御史鮑承蔭在論及民間不法信仰之時，即直指妖盜本爲一途，若不預先防範必釀成事變〔註 66〕。基於國家統治階層的考量，凡民間所造的緯讖妖書，皆屬妄言國家存亡，對於民心煽惑影響甚大，特別是明朝的肇建，部分得力於白蓮教彌勒救世運動，故而宗教教義的傳播力量，確實對統治者具有潛在的威脅性，因此《明律》編纂之初，即將「造妖言妖書」歸於謀反大逆、謀叛之類，可見禁約異端思想的嚴重性〔註 67〕。所以在禁約妖言妖書的同時，民間戲曲雜劇的內容傳播如何，也是朝廷關注之重點，藉以作爲思想上的控制政策。

蘇州府知府況鍾（1384～1442），曾面對鄉民群起抗官拒繳稅糧的風潮，在處理上恐有冤枉良善之民，乃採取出榜告示「諭以禍福，榜文到日，限十日以內，許令悔過，出官催辦所欠錢糧」，否則嚴懲不貸〔註 68〕。正德十五年（1520）十一月，王守仁對於百姓勸諭道：「世豈有不納糧，不當差，與官府相對背抗，而可以長久無事終免於誅戮者乎？」因此要求催徵逃稅者，「限爾一個月之內，釋怨解仇，逃稅者輸其賦，負債者償其直，有罪伏其辜，無則待爾如故」〔註 69〕。呂坤在任巡撫山西任內，條列惡風當戒者十項，規定凡兇暴遊民，結黨爲惡，或詐騙、賭博、劫財等，於「告示一出，限五日內不即解散者，本院訪拿盡行重治，各重性命身家，其勿悔。」〔註 70〕這些事關地方生活、風俗等禁約規定，既與民間生活息息相關，在執行配合上較爲容易，因此寬限期限多在數日之間。

相對於地方行政事務之簡約，部分告示禁約事項由於涵蓋的地域或層級較爲複雜，所以寬限期限較長，甚至長達數月之久。景泰六年（1455）五月以各處災傷頻傳，以致軍民因饑窘而盜匪群起，朝廷特爲寬恤政事，張掛榜文諭令百姓自新，若於榜文到日三個月以內，赴官府自首者寬宥無罪，期限過後擒獲到官者，處以極刑〔註 71〕。成化二十三年（1487）二月，因充軍囚犯吳英等人，於押解途中行兇逃逸，朝廷知悉之後，以此等逃犯皆身繫殺人、

〔註65〕《典故紀聞》，卷七，頁 130。
〔註66〕《明世宗實錄》，卷五六二，頁 5 上～下，嘉靖四十五年九月己酉條。
〔註67〕姜永琳，〈論中華帝國法律的宗教特徵〉，《明清論叢》第三輯（北京：紫禁城出版社，2002 年 5 月），頁 72～75。
〔註68〕《況太守治蘇集》，卷十二〈榜令抗官強民自首示〉，頁 5 上～下。
〔註69〕《王陽明全集》，卷十七〈別錄九‧告諭頑民〉，頁 613～614。
〔註70〕《呂公實政錄》，卷三〈民務‧爲特禁惡風以安良善事〉，頁 26 下。
〔註71〕《芳洲文集續編》，卷一〈諭刑部出榜文〉，頁 9 上～10 上。

強姦、強盜等數項重罪，恐其繼續危害地方，詔令援引成化十一年（1475）舊例，通行所屬衙門於各地廣出榜文，曉諭逃犯限期自首歸案：

> 仍行南京法司及各處巡撫、巡按、三法司官通行各所屬文武衙門，
> 但係人煙去處，備出榜文，曉諭充軍逃回人犯，自文書到日爲始，
> 限一個月以裏自首，免問，所司差人徑解原衛，取收管回照。限內
> 不首告或被事有犯到官者，俱照前例發落。〔註72〕

所以榜文規定充軍逃犯若於期限內自首到官，並不加重刑責，但針對充軍逃犯對社會治安的威脅，朝廷除發佈榜文限期自首之外，並施行相關配套措施：

（一）擴大追緝範圍

兵部除轉行京師的錦衣衛巡捕官校、五城兵馬司嚴行查緝，另由南京法司及巡撫、巡按等通行各地官府衙門，出榜曉諭追捕逃犯。所以榜文的發佈與追緝逃犯範圍，從兩京地區爲中心，向各處地方擴張，以便早日緝捕逃犯歸案。

（二）處置失職官員

若本管地方官員失於緝獲，逃犯卻因其他犯罪事項被拏到官者，各該管官員一體連坐參究，以連坐法促使所屬官員積極追捕逃犯。

（三）編造逃犯簿冊

行文至逃軍所在衛所，清查其來歷、原籍、在逃時間等詳細造冊，並送部備呈，一方面遏止逃軍潛回原籍藏匿，一方面則作爲「清解著役」之依據。所以在部分行政事務上，官府於發佈告示的期限之後，在執行的程序方面，另輔以相關配套措施，以便確實達成功效。

對於各地衛所逃軍的清理、勾攝，因處理時限較長，寬限期間可達數個月。洪熙元年（1425）九月行在兵部尚書張本等，奏請分遣大臣於各處清理軍伍事例，規定於榜文張掛之後，限三個月內自首者，窩藏及里鄰人等皆免罪，否則一併嚴懲〔註73〕。所以榜文刊布之後，雖有一定的時間限制，然後始具備法律效力，凡官民皆需依榜文內容規定事項行事，但因清理軍伍屬於

〔註72〕明‧不著撰人，《皇明成化二十三年條例》，《中國珍稀法律典籍集成》乙編第
　　　二冊（北京：科學出版社，1994 年 8 月第一版），〈五府押解充軍犯人差有職
　　　人員不當掌印官等俱以治罪〉，頁 69。
〔註73〕《明宣宗實錄》，卷九，頁 8 下，洪熙元年九月癸丑條。

全國事務，涵蓋各級行政機關，非短短三、五日可以廣爲曉諭地方百姓，故而延展至三個月。此外因事類不同，有時寬限之期限更可達到半年以上，如劉球鑑於北直隸地區水荒歉收，奏請建議出榜曉諭山東、河南、湖廣、南直隸等處招募客商，以南方之米賑濟北地，並命沿河壩洪閘關津所在之處，自榜文到日爲始至明年六月止，俱各免收船鈔，以便米商輸運糧食〔註74〕，其有關免收船鈔之寬限日期，至少長達半年之久。由於考慮到告示榜文的傳達情形，所以寬限時間延長爲數個月之久，然後再執行禁約的法令效力。

部分告示榜文的內容具有迫切性，或是屬於赦罪性質，則是張掛榜文後隨即發生效力。如洪武十五年（1382）朝廷出兵雲南，即由禮部出榜曉諭土官、土民，凡其有畏避軍馬，逃竄山林者，「詔書到日，自行出官投首與免前照，仍舊生理，間有首惡仍復不悛潛匿山著，有能擒獲首告者，重加優賞」〔註75〕，聖旨榜文刊布之後，隨即自首投官者無罪，以免其聚眾潛藏山林。宣德元年（1426）因漢王朱高煦脅眾反叛，宣宗皇帝遂下榜廣諭軍民，毋得附逆反叛：

> 恁兵部便出榜曉諭官員軍民人等知道，令其各安職業，不必驚疑，凡護衛所在附近軍衛，有司官員軍民人等，必本忠義，一時被其迫脅，將父母妻子拘留，不得已而從逆的，榜文到日，皆赦其罪，令各還職役。臨敵之際，有能投戈解甲歸順，及生擒反叛之人，或斬首來投的，即不次陞賞。若有不知天命，終不悔改而助反逆之人，拒敵官軍，或徼截道路，攻犯城池等項的，拿住全家殺了不饒。〔註76〕

榜文中對於被迫脅而不得已附逆者，強調「榜文到日，皆赦其罪，令各還職役」，以安其心志，然後勸誘其投戈歸順，甚至以生擒反叛之人，允諾陞賞而加以利誘，試圖瓦解漢王的軍事勢力。

英宗時期因鄧茂七等聚眾爲亂，於各地頒佈省刑赦罪榜文，敕命由兵部出榜刊布，並遣御史齎榜曉諭各處，以便安撫百姓，凡「榜文至日，不分罪犯輕重，但能洗心改過即日退散者，俱貸其死，仍免其徭役三年，凡遞年逋負悉免追徵。官吏人等敢有違詔侵害之者，治以重罪。」〔註77〕巡撫王守仁

〔註74〕 明‧劉球，《兩谿文集》，《文淵閣四庫全書》一二四三冊，卷二〈請拯畿內水荒疏〉，頁 10 上～11 上。

〔註75〕 《雲南機務鈔黃》，頁 13。

〔註76〕 《訓讀吏文》，卷四〈漢王反叛事〉，頁 223～224。

〔註77〕 《典故紀聞》，卷十一，頁 209～210；《明英宗實錄》，卷一七〇，頁 5 上～下，

在戡定寧王之亂時，緊急調集土客兵二十萬，且爲免官民附逆助長其勢，隨即發佈告示曉諭在城官民，凡「告示到日，宗支郡王儀賓各閉門自保，商賈買賣如故，軍民器甲投戈，各歸生理，毋得驚疑。」〔註78〕所以，朝廷特別針對重大變亂事件如叛逆、流寇等，以其茲事體大，或足以流掠數省、動搖國本，在發佈告示榜文時，爲求時效往往於告示發佈之後，命令隨即生效，並不予以寬限期限。

官府告示執行前的寬限時間，主要是基於公正的立場，以免執行刑罰時造成「不教而殺」的弊端，因此對於官府告示執行之前的緩衝寬限時間，大致可分爲三類：

（一）屬於民間日常事務者

如禁革風俗、催徵稅糧等，由於所屬管轄區域有限，官府告示的傳達較爲方便容易，故寬限時間較短，大致僅有數日而已，最多不超過一個月。

（二）屬於事務涵蓋層面較廣者

如清理軍伍、曉諭逃犯自首等，由於涵蓋地域、負責機關等複雜情形，官府告示榜文的傳達情形較爲困難，所以寬限時間較長，可達數個月之久，甚至不限定時間長短。

（三）屬特殊事件者

如皇帝恩赦、招撫盜賊、召降納叛等，由於情勢特殊，告示榜文一到，法律效力隨即生效；或者無限期執行命令，端視後續情況而有所更動。無論告示寬限期限爲何，若期限一到則法律效力隨即生效，並實強制施行禁令。若告示榜文的內容具有迫切性，或屬赦罪性質，則是張掛榜文後立即發生法律效力。

第四節　告示榜文的實施阻礙

一、告示內容的適當性

所謂的適當性，是指官方告示執行之時，是否人情義理、常理規範的原則，若違反適當性，官方的告示榜文在執行時，即會可能產生較大的阻礙。

正統十三年九月戊戌條。

〔註78〕《王陽明全集》，卷十七〈別錄九・告示在城官民〉，頁581。

告示榜文既以推動當前政令爲主，其目的在於官吏、軍民人等能夠確實遵
行，以便達到施政之效。然而告示榜文所條列的禁令內容，有不適當或是不
合理之處，自然能夠確實遵守者渺渺，因此堵胤錫在告諭官民時，強調禁令
之所以能施行，在於是否服眾人之心：

> 上作而下不應，必無以服其心。令行如水，禁止如山，則豈非身先
> 之故歟？雖然視成致期，君子所惡，特不敢爲無物之言以相爾。
> 〔註79〕

甚至有部份官員在刊布告示之前，必須先前往謁廟告神，以昭示文告發佈過
程之愼重：

> 文告者何？管敬仲治齊，令下於流水之源，夫令若水，天下事蔑不濟
> 矣。予黯淺固多紕，有通有塞，質地爲限，然而剖自血誠則固較然，
> 其不欺矣。告而先謁廟者何？可以告神而後可以告民也。〔註80〕

李陳玉透過謁廟告神的儀式，一方面展現謙恭自省之態度，另一方面則昭示
文告發佈之愼重，說明告示並非爲一己之私，而是爲了公眾權益，並無不可
告人之處，體現「可以告神而後可以告民」的信念。所以，官府告示若要如
同流水，所到之處皆能確實遵行，其要點在於告示是否能夠讓人接受，方能
施行無礙，端賴告示內容是否能合乎人性之常；此外禁約也不得恣意更改，
否則百姓無所適從，政令勢必將窒礙難行，流於所謂「告示煩者，官必闒茸」
的窠臼。〔註81〕

官府告示之發佈，有時基於特殊環境情形的影響，告示內容略有不合理
之處，如太和縣境因甫經歷流寇肆虐，情勢緊急，官府遂出榜告示，禁止元
宵節前後放燈，以免放燈人眾喧鬧，有誤軍機〔註82〕。官府所限制的政令措
施，有時與百姓的生活習慣相違背，而站在社會管理與地方控制的角度，仍
有其存在的必要性；但部分政令的處置措施，若稍有不愼反而造成擾民，甚
至因爲內容過於無理或是不合乎人性，進而危害百姓生計、性命時，可能招
致百姓的反彈聲浪，乃至於群起而攻之。在施政者與反對者雙方意見拉拒之
下，一旦反對者勢力高張，有時還會迫使施政者撤去告示榜文，取消原先禁
令。萬曆十四年（1586）巡城御史楊四知出榜嚴禁殺牛一例，即是如此：

〔註79〕《權政紀略》，卷一〈申禁令〉，頁1上。
〔註80〕《退思堂集》，卷一〈文告・文告摘畧〉，頁1上。
〔註81〕《五雜俎》，卷十四〈事部二〉，頁1下。
〔註82〕《太和縣禦寇始末》，卷下〈告示五・禁止放鐙〉，頁93。

近年丙戌、丁亥間（萬曆十四至十五年，1586～1587）巡城御史楊
四知者，出榜禁殺牛，引太祖所定充軍律，懸賞購人告發。時九門
回回人號滿剌者，專以殺牛爲業，皆束手無生計，遂群聚四知之門，
俟其出，劃刃焉。四知憚甚，命收其榜，踰月始敢視事。〔註83〕

禁殺耕牛在明律已有條文規定，洪武時期曾以聖旨榜文刊布禁約〔註84〕，弘
治十二年（1499）九月都察院又出榜重申洪武禁令〔註85〕，不過基於食用等
因素，事實上民間仍存在著私宰的風氣〔註86〕，但整體明代社會大致遵守此
一禁令。然而回回人因宗教因素而食用牛肉、殺牛爲業，其情形較一般百姓
不同，況且由此次禁令發佈來看，所謂「專以殺牛爲業」即是表示萬曆十四
年（1586）以前，回回人宰牛爲業的情形確實存在於京師地區，而根據萬曆
時期的律法規定，當時宰殺一般牛隻並無罪責可言〔註87〕，如今巡城御史楊
四知猝然發佈禁止宰牛之命令，遂使得居住京師之回回人生計大受影響，於
是遂群聚楊四知的居所，俟其出門而殺之。楊四知知曉此事之後，在不勝恐
懼之情緒下，隨即撤回禁殺牛隻之榜文以示妥協，甚至畏懼遭此輩追殺，一
個月後才敢正常外出視事。

關於禁殺牲畜的情形，宋徽宗已有禁止屠狗之令，明武宗更曾下過禁殺
豬隻的詔令，起因在於武宗生肖屬豬，而「豬」又與國姓「朱」同音，因此

〔註83〕　《萬曆野獲編》，卷二十〈言事‧禁嫖賭飲酒〉，頁516～517。
〔註84〕　《洪武永樂榜文》，〈爲私宰耕牛事〉，頁532。
〔註85〕　《明代律例彙編》，卷十六〈兵律四‧廄牧‧宰殺牛馬〉，頁707。（引弘治問
　　　　　刑條例）
〔註86〕　《止止齋集》，卷十八〈公移‧嚴禁私宰以塞盜源事〉，頁18下～19下。
〔註87〕　從《明律》所列禁止宰殺牛馬律文，可以區分爲四種情形：(1)私宰自己牛
　　　　　馬、駝驢者，分別杖一百、八十，誤殺者不坐。(2)故殺他人牛馬、駝驢，分
　　　　　別杖七十徒一年半、杖一百，准以盜論，誤殺者不坐，但需減價追賠。(3)官
　　　　　私牲畜毀食官私之物，追賠損失；因而殺傷牲畜者，減故殺傷罪三等。(4)牲
　　　　　畜欲觸踢咬人，因而殺傷者，不坐罪亦不賠償。可見在明初的律文中，雖無
　　　　　明文規定禁殺「耕牛」，而是將耕牛涵蓋在所謂的牛隻之內，顯示明初律文較
　　　　　爲嚴苛，無論是宰殺牛隻或耕牛，皆須處以罪責。至《弘治‧問刑條例》所
　　　　　載，詔令都察院出榜重申禁殺耕牛的禁令，以及日後《嘉靖‧問刑條例》、《萬
　　　　　曆‧問刑條例》都明文載明「禁殺耕牛」之禁令，可見至弘治時期（1488～
　　　　　1505）以後，律文規定較爲寬鬆，只要不是耕牛，宰殺自己飼養的牛隻並無
　　　　　罪責（故殺他人牛隻仍以盜論）。所以，回回人殺牛事件，至少在萬曆時期的
　　　　　律法是無罪，但巡城御史楊四知若援引太祖時期的律法規範，勢必引起爭議
　　　　　與反彈。詳見：《明代律例彙編》，卷十六〈兵律四‧廄牧‧宰殺牛馬〉，頁706
　　　　　～708。

正德十四年（1529）十二月詔令各地方不許餵養豬隻，以及買賣宰殺豬隻，若有違犯者極邊充軍〔註88〕。這種近似無理荒誕的詔令，可能是由於武宗在南巡之前，受到朝臣的請願威逼，加上尚無皇位繼承者的憂慮，種種因素影響之下，精神狀態紊亂所造成的結果〔註89〕。在禁殺豬隻之禁令影響下，當時奉祀孔廟之牲禮，皆改用羊隻代替，然而終究因為涵蓋層面過大，民間生活大受其害，復以朝臣的極力勸諫，在禁令施行短暫時間之後，便無疾而終。

若由明武宗豬禁與楊四知禁殺牛隻的事件來看，兩者之禁令內容同屬不合理但結果不同，其可能原因大致有：(1)前者屬於皇帝直接頒佈之詔令，雖然涉及民眾群體之生計，但迫於朝廷威權，且範圍涵蓋全國各地，自然較不敢做出反抗之手段；後者則單純屬於官府衙門所出的地方性禁令，既涉及百姓生計利益，較敢於公然群聚抗爭。(2)京師居民的自主意識較為強烈，而禁令僅限於京師地區，並非涵蓋全國各地，因此敢於向官府提出反對意見，甚至糾眾圍聚官府，迫使巡城御史楊四知撤去榜文，取銷原先頒佈之禁令。(3)此次楊四知事件之後，被迫撤去禁約榜文，然而朝廷並未針對此事的回回人，作後續的處置與懲戒，也說明京師居民具有部分彈性的自治權力。

關於不合理的告示榜文，除上述禁殺牛、豬事例之外，還曾發生過官府出榜禁止捕捉青蛙、彈射野鳥之禁例。宋高宗時（1131～1162）即有黃門郎建議，以近來禁屠僅止於豬、羊，遂勸高宗宜併禁鵝、鴨，此舉遂為當時人所訕笑，譏之為「鵝鴨諫議」〔註90〕。類似的事件也同樣發生於明代，由於明代在日常食用肉類方面漸趨多元化，已有食用青蛙、牛隻等習慣，部分官方仍將此視為禁令而加以禁止，但卻受到地方遠近、風俗不同等因素，而在執行上有所差異〔註91〕。萬曆時期某地方官為迎合上意，出榜禁止捕捉青蛙、野鳥，爾後更衍生出一連串波折：

> 萬曆乙酉（十三年）大旱，下詔脩省，求直言。上封事者以百計，
> 獨給舍胡汝寧特疏禁捕青蛙，聞者大噱，因呼「蝦蟆給事」，其議誠

〔註88〕明・李詡，《戒庵老人漫筆》（北京：中華書局，1982年2月第一版），卷四〈禁宰犬豕〉，頁143。

〔註89〕李洵，〈明武宗與豬禁〉，《下學集》（北京：中國社會科學出版社，1995年8月第一版），頁304～308。

〔註90〕《古今譚槩》，〈迂腐部・鵝鴨諫議〉，頁2下。

〔註91〕《萬曆野獲編》，卷一〈列朝・禁殺怪事〉，頁32～33。

鄙然未有害也。近有上官大刊榜文，民間若擅行捕蛙、彈射野鳥者，
著巡捕官提拿解縣，問罪枷號。村民素以此爲業，偶觸禁屬，幾殞
其生，遂開詐騙之局，白捕四散下鄉，每遇漁舟，輒誣爲捕蛙，將
擒送官。漁子慌懼求免，飽以酒肉，賄以銀錢，必饜足而後釋，沿
村遍野，無不被害。網戶皆撤業棄舟，至有求乞者。〔註92〕

可見當時民間已經「素以爲業」，所以食用蛙、鳥已是稀鬆平常之舉，而官府
禁止捕蛙、彈射野鳥的告示禁例，不僅與民爭利，甚至影響小民的生計。復
以捕蛙、射鳥的罪責過重，反而造成衙役訛詐的機會，動輒誣賴漁戶爲捕蛙
者，然後索賄錢財，漁戶在不堪其擾之下，唯有放棄本業另覓出路。所以官
府於施政上，需輔以相關的完整配套措施，且應以謀求生民利益爲前提，而
不當以微物與民爭利，危及百姓生計。

　　告示榜文之發佈，除需考慮到是否廣泛涉及民生事務外，若牽涉可能危
及社會秩序，乃至於國家安全，特別是事關軍政機密要事，訊息傳遞的適當
與否，便是值得再三商榷。弘治十年（1497）六月，京師居民曾訛言北虜近
邊，兵部請出榜曉諭軍民人等，禮科給事中屈伸認爲若大張榜示，人心反而
愈加驚恐，朝廷遂取消之議：

兵部奏京師軍民聞虜眾近邊，訛言騰起，請揭大字榜文諭止。禮科
給事中屈伸言：「臣切詳兵部此舉未見其宜，且今日欲息訛言，惟有
君臣上下同心憂恤，內修政事，進賢去佞，外固邊圍，選將練兵，
日愼一日，不可懈息，庶幾北虜有所畏而不敢深入，臣民有所恃
而不致恐懼，人心安而訛言自息矣。若欲榜示中外，恐眾愈驚疑，
訛言益甚，雖曰禁之，實所以搖之。昔漢建始中，京師訛言大水
至，詔吏民上城避水，王商以爲不宜重驚百姓，頃之遂定。晉太元
中，符堅大舉入寇，都下震恐，詔謝玄等帥師拒之，玄授計於安，
處以鎮靜，卒致堅敗走。今日訛言未必如漢之大水、堅之深入，不
宜重搖人心，萬一北虜聞之，非所以示威武也。」疏入，下所司知
之。〔註93〕

〔註92〕明·周玄暐，《涇林續紀》，《歷代小說筆記選》（臺北：臺灣商務印書館，1980
　　　　年12月臺二版），頁231～232。

〔註93〕《明孝宗實錄》，卷一二六，頁5上～下，弘治十年六月辛卯條。《明史》，卷
　　　　一八〇〈列傳·屈伸〉，頁4799對此事時間記載爲弘治九年，當以實錄記載
　　　　時間爲正確。

由於訛言將使民心驚懼，屈伸遂舉例加以印證，強調在訛言未證實之前，不宜自亂陣腳，遂使朝廷取消兵部出榜之建議。類似邊境戰事的軍情消息，就國家整體考量而言，若傳聞過當確實容易動搖民心，因此于慎行才會建議事關外夷、邊境等警急要事，應該採取適當的限制措施〔註94〕。不過軍情要事的消息並非是要完全封鎖，而是必須經由朝廷官方的許可，方能發佈「官方」版本的消息，如天啓二年（1622）正月鎮武大營潰敗，女眞已近逼廣寧、山海關等地，京師岌岌可危，因此御史侯恂奏請兵部當懸示榜文，告諭軍民人等無得輕信訛言，驚竄惶恐，以防敵軍奸細趁隙作亂〔註95〕。「官方」版本的消息發佈，通常是經由彙整、修飾之後，再傳達告諭民眾知曉，其目的謹防訛言流語的散播，並維繫政權與社會秩序的安定。

告示榜文在撰寫過程中，或因內容之誤字、訛字而形成文意上的錯誤，進而導致政令的不合理，甚至造成施政阻礙。《武備志》記載：「吏士承受到軍令，合行告諭眾人知者，不得妄有增減言語，或動搖眾情，別生利害。」〔註96〕因此將士在傳遞軍令時，尤其要特別注意，不得擅自增減文字，否則將會發生一字之差，失之千里的情形。有些官員在出榜之前，還會考慮到詞句之修飾與典雅，在字句上多所琢磨〔註97〕。萬曆時期（1573～1620）禮部尚書張昇，曾因告示榜文中誤字，幾乎遭到憤恨民眾的殺傷：

> 先是南昌一巨公張昇者，在武宗時爲禮部尚書，因主上新登極，選宮嬪，例禁娼優隸卒之家，不許就選。張誤「隸」作「吏」以登榜文，其下力爭不聽。比榜張而大譁，闔京刻木輂，至欲劃刃，始爲改正。〔註98〕

從榜文的告示可知「隸」與「吏」有所不同，且「隸」的身份低於「吏」。明代的戶籍約可分八十餘種役戶，主要可歸爲軍、民、匠、灶四大類，其他可概稱爲雜役戶，社會階級嚴明〔註99〕。而胥吏雖然社會地位較低，但仍隸屬

〔註94〕《穀山筆麈》，卷十一〈籌邊〉，頁127。
〔註95〕《明熹宗實錄》，卷十八，頁21上～下，天啓二年正月甲子條。
〔註96〕明・茅元儀，《武備志》，《續修四庫全書》子部九六三～九六六冊（上海：上海古籍出版社，1997年，據明天啓刻本影印），卷七十一〈陣練制・懸令一〉，頁3上。
〔註97〕《北游錄》，〈紀聞上・薛國觀〉，頁325：「薛國初直閣，欲出榜，思久之，書到任未久云云，中書某從旁曰：『宜履任方新。』即改從之。」
〔註98〕《萬曆野獲編》，卷十五〈科場・禮官誤字〉，頁389～390。
〔註99〕王毓銓，〈明朝的配户當差制〉，《中國史研究》1991年一期，頁39～43；吳

民戶，其仕途雖受限制，卻仍自有流品，是與一般的良民，與奴婢、娼優之輩的奴隸身份不同，而榜文內容之中竟將胥吏與娼優並列，顯然是降低其地位，似有鄙視之意味，故而遭到反對者的反彈。

二、告示內容的公平性

　　所謂的公平性，是指官方告示執行時，是否合乎公正、合理的原則。對於告示榜文的刊布，其內容規範有時兼具賞、罰兩方面，除「罰」方面禁的約條例等規定外，另有「賞」方面的賞格規定，以求達到信賞必罰的公平原則。在軍務性質的告示，多屬勸諭將士奮勇殺敵、激勵士氣等文告，然而部分將官軍士因貪圖賞格，動輒貪冒功績，反而釀成擅殺無辜百姓的慘劇。正統元年（1440）二月，鎮守遼東都督同知巫凱等，奏報義州等衛軍餘牛旺、李傑等因貪圖榜文賞格，所獲賊營首級皆爲近邊居住之無辜韃靼男婦，而非境剽掠的賊徒，因此不照欽降榜文恩例陞賞〔註100〕。正因爲濫殺百姓、貪冒功績，並非符合榜文所規定的內容與資格，因此不具有陞賞之條件。朝廷對於官軍軍功陞賞與襲替之則例，或因情勢緩急、事體輕重而有所不同，皆必須由法司議定之後，纂修會典永爲定例，並刊刻榜文曉諭天下以昭公信，維持賞罰公平原則。〔註101〕

　　告示內容的執行賞罰是否公正適當，則牽涉到告示的合法性與否，然而從部分事例來看，告示賞格所給予的賞賜，其背後有時還另含附加條款，由於認知上之差異，極容易造成賞賜不公正的情形。土木堡事變之後，也先屢次進犯京師，京師不僅戒嚴防守，並出示榜文賞格懸賞能擒斬也先者〔註102〕，而喜寧原爲英宗近侍宦官，此時卻數度爲也先計謀策畫，導致其入邊寇掠，因此喜寧也名列榜文賞格擒捕之中〔註103〕。景泰元年（1450）三月，宣府參將楊俊擒捕喜寧，根據榜文規定照例應該賞賜金銀並封以侯爵，然而朝廷卻並未如實賞賜，反而引發榜文陞賞不公之爭論：

　　　智和，〈明代職業戶的初步研究〉，《明史研究專刊》第四期，1981 年 12 月，
　　　頁 59～144。
〔註100〕《明英宗實錄》，卷十四，頁 2 上，正統元年二月戊戌條。
〔註101〕《明世宗實錄》，卷一三二，頁 7 上～8 上，嘉靖十年十一月癸酉條。
〔註102〕《今言》，卷十四，頁 11：「虜逼京城，（于）謙、（石）亨出德勝門，閉門對
　　　壘約戰。……謙請大出聖旨榜文，潛遺虜營中，諭回、達、羌、漢有能擒斬
　　　也先來獻者，賞萬金，封國公。」
〔註103〕《明史》，卷三〇四〈列傳・宦官一・曹吉祥〉，頁 7776。

> 給事中監察御史言鎮守宣府叅將楊俊，以擒喜寧功陞右都督及賜銀
> 幣，緣榜文有賞銀二萬兩、金一千兩，封以侯爵之例，乞如例陞賞
> 以全人信，且激勸方來。事下兵部議，俊宜加侯爵，其把總都指揮
> 僉事江福及有功官軍一千三百人，請以金一千兩、銀二萬兩分予之。
> 帝曰：「俊等率官軍守備，職所當為，難照榜例。第加賞俊金二十兩、
> 銀三十兩、紵絲三表裏。江福陞都督僉事，賞銀三十兩、紵絲三表
> 裏。官軍奮元殺賊者人陞一級、銀十兩，紵絲二表裏。其餘人五兩、
> 絹布各五疋。〔註104〕

關於叅將楊俊陞賞一事，雖經由監察御史、兵部議決，皆認為應該比照榜文
陞賞條例，封以侯爵並賞賜金銀。然而景泰帝卻以其職責所在為理由，加以
反駁，僅賜予賞金二十兩、銀三十兩而已。景泰帝此舉與榜文陞賞規定未免
相去甚遠，僅援引職責所在略加薄賞，並不照榜例規定陞賞，況且當時榜文
的張掛，可視為臨時性增加法條，就法律層面而言，此舉顯然已經「違法」，
而處罰結果更是令人難以信服。

三、告示施行的成效性

官府發佈告示的執行成效性，所衍生的矛盾與衝突，可概約分為兩類：
一為官府告示的真偽辨別，一為來自社會環境習俗的對抗。官府告示的發佈
代表官府公權力之施行，然而部分盜賊或變亂等不法之徒，也會利用告示榜
文作為傳遞信息的方式，站在百姓的立場有時無法清楚分辨這些告示榜文的
真偽，故而造成真正行政命令執行上的困難與阻礙。宣德十年（1435）三月
江西人曾子良，因水旱飢荒而據險嘯聚，並自稱永順王，造妖言，張偽榜，
脅迫居民為亂〔註105〕。萬曆三十二年（1604）十月楚宗朱崇仁為亂，大學士
沈一貫等以逆宗肆出榜文，約期舉事，必將順流而下直取南京，謀反之狀既
現，為恐當地御史、地方官方礙於宗室身份，未敢用兵征討，乃奏請萬曆皇
帝發佈特諭。遂於庚戌日傳諭兵部、都察院，同時榜諭各宗與城中居民，以
安軍民之心：

> 庚戌傳諭兵部、都察院。朕覽湖廣巡按奏報，楚宗崇仁輒敢聚眾強
> 劫，董檟戕殺撫臣，今又肆出反版榜文，好生悖逆。著本省各官上

〔註104〕《明英宗實錄》，卷一九〇，頁2下～3上，景泰元年三月辛亥條。
〔註105〕《明英宗實錄》，卷三，頁7上～下，宣德十年三月甲午條。

緊發兵擒拿，鄖陽、江西、河南撫臣，兵備南京、兵部操江等官
各相機發兵，□勦，毋得顧忌觀望，養成大衅。一面榜諭各宗及城
中居民，毋得畏懼，朝廷討除惡人，正以撫安善良，不許濫及傷
害。〔註106〕

由於楚宗本身的宗室身分特殊，其所發佈榜文的內容，可能會造成當地軍民
對訊息的判斷錯誤，因此沈一貫所要求朝廷發佈特諭，便是要辨正與澄清消
息，另一方面取得軍事行動上的先機，以免當地軍民因無知而助長變亂。所
以就官方立場而言，這些嘯聚變亂的地方勢力或罪宗，所發佈的告示皆當然
視之為「偽榜」、「偽告示」，但一般百姓無法完全識別，若依照這些告示榜文
的命令去執行，不僅反而轉變成被脅迫為亂，增加變亂勢力之擴張，更對地
方秩序造成相當損害。

　　盜賊假藉榜文招撫之名而行截殺之實，致使官府告示本以安民為目的，
反而被盜賊所利用，則又是告示榜文施行的另一阻礙。官府招撫盜賊之時，
往往以榜文告諭地方，凡是聽撫招降之盜賊，皆不可故意為難，於是在此一
法律漏洞之下，有些盜賊遂趁隙從中為惡。天順八年（1464）十一月，四川
腹裏賊盜即表面接受官府招撫，實際上則或服或叛，更對外宣稱：「我等是聽
撫官賊」，甚至還將官府給領的招撫榜文，背負在身，作為護身保命之符，卻
大肆劫掠所過鄉村，軍民百姓對於此皆無可奈何〔註107〕。正因為賊盜以官府
告示為護身符，使得地方軍民有所忌憚，為免觸犯官府命令，只得任由賊盜
恣意為惡。正德十一年（1516）六月，曾發生永清衛軍聚眾為盜，之後竄逃
至江淮之間行掠，並詐稱錦衣衛舍人及校尉，「捏撰旨意，云差往浙江處等收
買器玩，驛遞皆應付之」〔註108〕。所幸這些詐騙行為及時為徐州官府所識破，
遂將其押解至京問罪。這不僅是官府招撫盜賊的矛盾性，更是告示榜文施行
的嚴重阻礙。

　　無論中央或地方政府對於社會習俗，會依照禮俗、道德或統治需要而建
立一套官方的標準，若是逾越標準之外，官府則會採取公權力加以禁革。官
方所發佈的行政命令，在面對部分民情剽悍、澆惡的地方風俗環境時，官府
告示榜文的禁約效力，勢必面臨嚴峻挑戰。如周玄暐認為兩廣地區民風刁悍，

〔註106〕《明神宗實錄》，卷四〇二，頁 1 下，萬曆三十二年十月庚戌條。
〔註107〕《明憲宗實錄》，卷十一，頁 10 上～下，天順八年十一月庚午條。
〔註108〕《明武宗實錄》，卷一三八，頁 6 上，正德十一年六月丙子條。

對於官府禁約幾乎不放在眼裡：

> （兩廣）民俗习悍，士風猶薄惡，包攬錢糧，窩藏強盜，把持官府，
>
> 武斷鄉曲，學道潘完樸刻榜嚴禁，奈沿習已久，猝不能變。〔註109〕

相同的情形，也見於顏元（1635～1704）講學勸善所面臨到的困境，顏元以理學為出發點，勸諭百姓修善積德，並抨擊佛道之惑眾行為，特別是假借佛道的左道邪說害人最深，然而部分迷信旁門左道者，即使面對官府屢次發佈嚴禁提倡邪道、聚眾惑亂等禁令，視若無睹仍不知悔改，甚至對官府告示嗤之以鼻：

> 朝廷官府也還憐憫你們，也還寬待你們，從容曉諭，教你改圖。更
> 有一等可惡的，聽見傳下禁旨，官府告示，反說是「刮風裏落病
> 棗」，也把怕王法歸正道的好人，反說是「病棗不耐風」，你們執迷
> 不醒不遵王法的倒是好棗，把王法比做狂風。而朝廷官府聽的此
> 話，真箇拏起來，殺起來，怎麼了得？有識者替你寒心，急醒，急
> 醒！〔註110〕

對於此類無視官府禁令之徒，一旦官府查緝邪說異教時，往往被牽連入罪，甚至斷送身家性命。因此官方告示在推行政令時，地方風俗民情的好惡、良善等情形，將是告示施行時所需面臨的挑戰。

若是群眾情緒激憤，或鼓譟不接受勸諭時，此時官府告示約束就可能如同廢紙虛文，無法發揮作用。崇禎初年陝西地方有富室錢文俊，因借貸銀兩予總兵官王國興的家兵吳榮等人，以本金七兩，事後卻索討本利共四十七兩，吳榮以利息過高為由，拒不還錢。錢文俊屢加催討，雙方進而發生鬥毆，以致錢文俊童僕被毆死，官府判決吳榮徒罪下獄，但卻引起眾家丁憤怒，集聚官府前譁變，官府至此方知事態嚴重，「出諭招撫，諸兵見而毀之，遂肆殺掠，各官逃匿。」〔註111〕由於官府昧於時勢，僅以推託敷衍交代，所以當群眾情緒激憤時，才緊急發佈告示安撫軍心，而此時所謂的官府禁約告示，對一群情緒失控的兵丁而言，不過只是做為撕毀破壞的情緒發洩而已。

除了外在社會環境的影響，若是禁約涉及個人私領域方面，如忠孝節

〔註109〕《涇林續紀》，頁232。
〔註110〕《顏元集》，《存人編》，卷二〈喚迷途・第五喚〉，頁142。
〔註111〕《明季北略》，卷四〈錢文俊激變〉，頁95。

義、品德修養之類，單方面官府公權力的強制禁約，未必能產生實質的規範
效用。嘉靖二十三年（1544）正月，爲杜絕官員於朝覲之時，藉機相互餽贈
賄賂、交通關節，因此吏部官員奏請申明禁令，同時爲使中外臣工知所警
惕，並要求命下之日，中央機關則移咨都察院，刊印榜文於在京各衙門首張
掛曉諭；地方機關則由各處巡按御史，刊印於各屬地方，一體張掛禁約，凡
有以上情節事實者，法司緝拿究問懲治。對此，奉聖旨批示：「拒卻餽送，務
在各修實行，刊印榜文張掛，徒爲故事。這奏內申明禁約事宜，都依擬照例
行。」〔註112〕面對臣工慷慨激昂的奏陳，嘉靖帝也瞭解到官員之間餽贈賄
賂、交通關節等行爲，皆會影響吏治的清明，然而這種私人品德的操守要
求，必須建立在個人的行爲實踐，所謂官府的刊印榜文禁約，未必能達到實
質約束效果，反倒流於形式而已。

　　另外官方告示的傳播效率，也會影響政令的宣達與執行效果。明代的驛
遞系統爲在傳遞官方文書的運作上，將馬匹分爲上、中、下三等，各懸掛小
牌註明等級，同時於馬匹配置銅鈴，遇有緊急公務，將銅鈴懸掛馬上飛騎
傳送，驛站夫役聽到鈴聲即可隨時供應、汰換〔註113〕，甚至規定遞送公文
需「一晝夜通一百刻，每三刻行一鋪，晝夜須行三百里」，若有違者必問罪
〔註114〕，目的皆在確保官方文書的傳遞效率。雖然官方告示並未明確規定訊
息播的時效，但從太和縣爲防範流寇而操練官軍，又恐官軍試銃時會造成民
眾驚慌，即於崇禎八年（1635）三月初一日發佈〈試銃安民〉告示，告知次
日（初二日）官軍試銃，告示發佈僅相隔一日〔註115〕。而〈比試賞格〉、〈犒
恤兵丁〉也都是在後一日隨即發佈開列獎賞。此外，〈禁止放鏜〉、〈照里派
兵〉、〈貸解遼餉〉等告示，發佈與執行的時間，兩者相差不過二、三日而
已，此外，這些都顯示在縣境之內訊息傳遞頗爲快速。所以，所屬行政轄區
越小，官方政令的傳播速度相對越快（見表 6-4）。另外，從太和知縣吳世濟
幾乎每日發佈一次告示的頻率來看，利用「告示」作爲傳播行政命令的模式
是相當快速，特別是處在流寇肆虐的混亂局勢中，更能發揮傳遞行政命令的
優勢。

〔註112〕明・吏部編纂，《吏部考功司題稿》（臺北：偉文圖書公司，1977 年 9 月初版，
　　　　據明藍格鈔本景印），卷七〈題朝覲事宜事件疏〉，頁 1051～1056。
〔註113〕《明代驛站考》，頁 2。
〔註114〕《大明會典》，卷一四九〈兵部三十二・驛傳三・急遞舖〉，頁 10 上。
〔註115〕《太和縣禦寇始末》，卷下〈告示五・試銃安民〉，頁 104。

表 6-4：南直隸太和縣官方告示傳播效率表

發佈時間	告示名稱	內　容　概　要	傳遞情形
崇禎 7 年 11 月	比試賞格	告示昨日教場比試情形，並開列賞格。	相隔 1 日
崇禎 8 年 1 月 13 日	禁止放鐙	因當情勢危急，恐元宵節（15 日）當日放燈雜亂喧嘩，有誤軍機，故而禁止。	相隔 2 日
崇禎 8 年 1 月 22 日	犒恤兵丁	犒賞昨日點卯在場的兵丁。	相隔 1 日
崇禎 8 年 1 月 24 日	嚴禁乘機報復	自本月 16 日流寇退去後，即曾出示安民，今縣衙再重申禁令。	相隔 8 日以上
崇禎 8 年 2 月 3 日	照里派兵	各里依照規定僉派兵丁訓練，並限期 3 日具狀結冊繳交官府。	相隔 3 日
崇禎 8 年 3 月 1 日	試銃安民	告知次日（2 日）官軍試銃，以免百姓驚疑。	相隔 1 日
崇禎 8 年 4 月 28 日	貸解遼餉	向縣境內仕宦、富戶借貸，並限 3 日之內赴縣投納。	相隔 3 日

　　若官方訊息或軍情傳遞出現延遲錯誤時，不免會造成無謂的恐慌，如崇禎時期（1628～1644），女眞勢力漸趨強盛，屢次南下進逼北京，甚至迫使京師採取戒嚴，刑科給事中李清（1602～1683）即記載，當時某次「北兵已退半載，而邊臣諸告急疏猶續下傳者，以爲北兵再至也」〔註116〕，由於傳遞邊報訊息的延遲太久，致使京師地區的軍民以爲女眞又再次南下。崇禎十年（1637）七月，史可法（1602～1645）授命巡撫安慶、廬州、太平、池州府與河南、胡廣、江西等地，由於李自成等流賊四處劫掠，聲勢浩大，當時據傳流賊數日連陷七城，致使民眾風聞耳語，即到處逃亡藏匿。史可法爲遏止逃亡的風潮，遂發佈兩道告諭，一則是〈止逃民諭〉用以安定民心，勿妄生猜疑；一則是〈批某道告急詳文〉，用以激勵地方官軍堅守之意志，以便軍民同心抵禦流賊〔註117〕。因此，告示內容的眞僞、社會習俗的接受程度、訊息的傳播效率等因素，都會影響到官方告示的執行成效，而站在官方的立場，則在於應積極澄清、辨明錯誤的信息來源，以維持正常訊息的傳遞與流通。

〔註116〕《三垣筆記》，卷中〈崇禎〉，頁 72。
〔註117〕《史可法集》，卷四〈雜文・批某道告急詳文〉，頁 117、〈雜文・止逃民諭〉，頁 117～118。

第七章 結 論

　　對於疆域廣大的國家組織而言，訊息的相互交流與傳遞，是維繫整體組織正常運作的重要關鍵。關於傳統社會訊息傳播的探討，多偏重於新聞學者的相關研究，較少從史學的角度深入觀察；即使有之，亦側重於邸報、朝報、塘報等政治與軍事訊息的研究，關於廣泛而全面性質的探討，仍較為少見。本文即利用碑刻、文集、檔案等大量史料，並嘗試融合傳播學的概念，針對涵蓋性質廣泛的官方告示榜文為研究主體，以期深入探討明代社會訊息的相互交流與傳遞情形。

　　告示榜文制度既為明代官方機構的重要傳播媒介，不僅對國家的行政管理、政令傳達具有重大影響，其類型更包含政治、經濟、軍事、社會等各項層面，並藉由驛遞系統確實傳達訊息。透過官方告示榜文的傳遞架構，能將朝廷所擬定的施政方針予以貫徹執行，同時也經由各地相互的訊息傳遞，使中央政府與地方社會能產生互動，適時瞭解地方民情對政令的執行與反應。若民眾對於政令產生質疑之處，或採取凝聚公眾意識，或透過鄉紳等上層社會份子，對官府進行溝通協調，促使其在施政方針上作適時修正，不僅維護當地民眾的利益，更能符合實際環境的需要，如此方能讓國家組織更緊密結合，達到有效的行政管理運作。

一、告示榜文的傳播架構

　　官方告示榜文的發佈具有一定的程序，需由上級機關層層轉發至所屬機關衙門，因此張貼告示無論是發佈來源、紙張大小，皆有其規規不得擅自逾越。負責執行的機關在接到行政命令之後，需具擬將告示內容、式樣，備份

送至上級機關以備查核，此舉不僅是為了讓行政命令確實執行，另有保存卷宗文簿的功能，以便檔案保存。

中央政府的行政命令來源為皇帝旨意，多由翰林官撰擬後，再經皇帝批示，然後依照事務類別不同，轉下所屬各部院處置，而聖旨榜文的發佈，需有各衙門堂上官用印證明，以防皇權旁落與濫用之虞；地方政府告示之發佈，在接受上級命令之後，通常委由書吏、書手等負責撰擬，經掌印官過目批示後加蓋官印，領取應用紙張然後繕寫抄錄、出榜。因此，無論中央或地方之告示發佈程序，可總結為四個步驟：擬稿、審核、蓋印、出榜。加蓋官印的目的，代表告示內容得到官方機構的認可，並具有合法證明與法律效力。

在行政命令傳播架構之下，告示榜文的發佈範圍與時效性，代表著行政權力的有效執行，其背後關係到命令執行的公正性原則。就發佈範圍而言，告示榜文的法律效力多與所轄的行政區域有關，如府州縣、巡檢司、衛所、鈔關等政經與軍事機關，依照所管轄範圍，告示的法律效力各有差異，凡超出所屬範圍之外，即屬不當或無效。就時效性而言，司法制度判決的原則性，是依照新律文或新榜文等行政命令加以擬斷，因此新舊律文發生衝突或歧異之時，皆以新頒訂的條文為依據。所以告示榜文的張掛範圍時效性，同樣牽涉到法令施行與權限問題，所以一旦範圍或時效變動，將影響法律效力執行的合理性。

從明代官方告示的刊布地點來看，涵蓋行政機構、地方鄉村、商業貿易、交通要道等區域類型，上至京師皇城，下至寺廟道觀，無處不是刊布官方告示的地點。然而總結來說，即是以政治中心為主，包括京師、中央與地方的行政衙門，然後再向鄉村、商業地區、交通要道等處擴散延伸，進而從各地點相互連結，形成傳遞訊息的網絡。這些現象反映出明朝帝國的都市特性，是以政治取向為訊息傳播的核心，而中國都市的特性——即以行政都市為主要特色，在本質上相較於西方商業都市的特質有顯著的差異。

此外值得一提的是，地方行政官署衙門相較於中央衙門，其自主性的權限較大，而地方官府刊布告示的地點，由內而外大致可分為衙門廳堂、大門、榜房、申明亭等處，其政令的曉諭對象涵蓋公、私領域：(1)衙門以外的正堂、申明亭，乃至於府州縣城各處，皆屬於公共領域，告諭對象涵蓋行政區所管轄的一切官吏軍民人等；(2)愈接近衙門以內的後廳、內衙，愈屬於官員私有領域空間，因此告示的榜諭對象則為官員本身、親友以及近侍僕役。從地方

官府衙門的刊佈地點來看，其曉諭對象兼具公私領域的特殊性，可視爲地方施政與刊布告示的一大特色。

二、告示載體的傳播差異

告示載體的材質使用差異，會影響訊息傳播的效能，明代官方告示榜文所使用的載體，可分爲紙張、刻石、木版、鐫鐵等類型，其中以紙張、石材最爲常用，木版次之，鐫鐵最爲罕見。以紙張爲材質之告示，基於明代造紙業的發達，其優點在於取得方便、製作快速、機動性高，所以傳播範圍最爲廣泛，並且容易將刊刻之告示匯集成簿冊，做成文卷檔案形式加以保存；然而其缺點則是材質本身之脆弱，特別是張貼於戶外易受到風雨、人爲等因素而破壞損毀，極不利於長期禁令的推行。採用刻石的「告示碑」或「禁約碑」，是利用石材堅貞不變、不易損毀之特性，適合較長時間傳達的政令告示，故而使碑石成爲紙張告示之外，官府經常使用的告示型態，同時也昭示政令或禁約將長期持續執行的表示。木製告示的使用，則具有類似信牌之功能，便於重複拿取、懸掛的優點；鐫鐵的使用則較爲罕見，其傳播訊息的功能不大。

對於告示載體的傳播差異，則衍生出訊息發佈地點與環境場域的關聯變化。由於紙張的取得方便、製作快速，以及黏貼撕取的機動性高，所以就傳播訊息的範圍與效率而言，紙張的功能最爲快速；而告示發佈的地點，主要以政治、經濟中心的官署衙門爲主，旁及有建築物遮蔽的申明亭、營堡、關隘等，另外告示紙張可以匯集成簿冊，做成文卷檔案形式加以儲存，也是造成紙張告示刊佈於官署衙門的原因之一，以便就近收貯存放。石碑不易損毀之特性，適用於戶外地區，其豎立位置廣泛，特別是常見風雨的埠口、曠野等地，配合長期執行的政令或禁約推行，更能發揮訊息傳遞的最大功效。木板與鐫鐵的傳播功能，則較爲薄弱。因此影響官方訊息傳播的效能，取決於告示材質本身的便利性與耐久性，前者紙張爲代表，後者則以石碑爲代表，唯有相互使用得宜，即可達到訊息傳遞的最佳功效。

三、訊息反饋與地方互動

告示榜文作爲官方推行政令的重要管道，同時也必須瞭解觀看者（閱讀群眾）的反應如何，因此部分官員在刊布告示榜文之時，鑑於閱讀群眾的廣泛，特別是平民百姓佔絕大多數，爲因應百姓觀看告示的理解能力，而採取

便民措施,所以在撰寫擬定告示榜文的文字使用上,嘗試減少長篇大論或引經據典的情形,而改採較淺顯易懂的語詞,或是輔以歌謠俚語,甚至採取繪畫圖形,以加深觀看者印象與瞭解。雖然官方告示語體使用白話並非普遍的情形,卻也反映出民眾知識水準的提升、通俗文學市場流通的整體社會結構轉變,同時這種通俗現象的影響力,似乎逐漸由底層社會影響到上層社會,進而產生官府為推行政令宣達,需適時考量閱讀群眾的理解能力,而有告示語體口語化的現象。

對於官方告示榜文的發佈,觀看者在接受到訊息之後,不僅可以瞭解官府的政令決策,作為行為上的依據與規範,甚至還會吸收新的社會訊息動態,然後轉化為生活所需的知識,有時可作為遠行規劃的參考因素,有時則作為街談巷議的趣聞,藉由訊息資料的交流互動,連結地方鄉里之間的溝通網絡。因此透過文字或耳語相互傳遞,官方告示內行政命令,不再僅止於政治上的禁令、限制,而是可以轉變為日常知識,甚至應用於一般的生活作息之上。正由於訊息的日常通俗化,一般百姓在觀看官府告示時,除了瞭解地方官府的施政情形,更重要的是獲知社會近況、環境變動等資訊,進而作為鄉里之間的訊息交流,或日常生活所需的實用知識。

然而,官方訊息的傳遞與發佈,若出現有不恰當或疑義之時,閱讀群眾也會針對告示內容的不適當性,表現出質疑或不合作的態度。如萬曆十四年(1586)巡城御史楊四知榜禁殺牛,即引起居住京師的回回人大加撻伐,甚至群聚欲殺之以洩憤;而禮部尚書張昇則是因告示內容的誤字,將「隸」誤作「吏」,致使部分民眾認為遭到歧視的對待,憤恨激動之餘,幾乎殺傷張昇。前者以禁殺牛隻的政令與當時律法不合,後者則因告示內容的誤字,引發對社會階級身分歧視的憤怒,以上兩例的告示榜文內容,皆反映出官方不當的訊息傳遞,可能會遭到閱讀群眾的質疑與反彈,進而迫使官方撤銷、修改原有法令規範,以符合地方輿論的期望。因此官方訊息的發佈,其內容的適當與否,需受到地方民眾意見、輿論的檢視,甚至必須考慮到民眾對於行政命令的接受與否,若有不適當之處,則需加以修改變更,以利整體行政命令的推動。

四、公眾意識與地方控制

告示榜文既為官方推行政令之方式,更代表著國家機構對地方社會的控制與管理。無論朝廷或官方,都藉由告示榜文對地方社會進行控制與管理,

地方鄉里如遭到災異、盜賊、兵燹等所引起的問題，官府必須仔細觀察民眾反應，並利用告示發佈適當的行政命令，以便穩定社會秩序。特別是關於社會禮俗，基於維護傳統思想與禮制，在某些習俗的改革如禁奢、火葬，都試圖透過朝廷或官府告示榜文之發佈，使其言論取得政權的合理與合法性，並藉由言論所代表的權威性，遏止所謂非良善習俗風氣之蔓延。

官方告示榜文的使用，除了反映在國家機構對地方社會控制的重要性之外，從部分的事例記載，說明朝廷與地方政府之間並非僅是二元性的對立，而地方民眾在面對地方事務的處理，同樣具有協調與緩衝的能力。一般在論述地方社會問題時，皆以士紳階級等上層地方份子介入協調衝突，然而在萬曆四十八年（1620）松江府嘉定縣民聯名呈請官府，希望嘉定縣的漕糧能永爲改折之事例中，地方縣民即利用「聯名呈請」的方式，要求現任知府能延續推動舊有之政策，以作爲向官府維護、爭取自身權益之方法；相同的事例也出現在廣州府南海縣鐵線、鐵鎖兩鋪戶，爲反對鐵釘鋪戶的長期橫斂索討，由當地鋪戶居民分別於崇禎二年（1629）、崇禎七年（1634）兩次聯名呈縣告訴，要求官府給示嚴禁，最後於佛山堡豎立石碑禁約。從這兩件事例來看，前者爲嘉定縣民，後者爲南海縣鋪戶居民，皆以「聯名呈請」的方式來爭取自身利益，都說明居民自覺意識的提高，凝聚公眾群體的力量，來處理地方社會事務。

這種公眾意識凝聚的勢力，使其成爲國家機構與地方社會的政治架構之中，具有溝通協調的緩衝功能，進而影響地方政府施政的來源依據。根據史料的探討與論述，更可發現明代地方官府告示榜文的發佈來源，具有上級的行政命令與地方議案，兩種命令來源的「雙軌制」行政特性。上級的行政命令，是由皇帝爲主的中央機構所發佈，再依照事類不同，層層轉發至所屬機關執行；地方議案的提出，雖然因爲士紳階級具有社會地位上的優勢，而多由其所主導，作爲類似地方代理人的性質，但部分事例說明普通百姓也具有地方議案提出的可能性，即凝聚群體意識所採行「聯名呈請」的方式。藉由對事件的共同看法或需要，逐漸凝聚公眾意識，或透過士紳階級代理與官府交涉，或逕自呈請官府決議，而公眾意識之凝聚，迫使地方官府在施政時，必須顧及到公眾意識以達到符合地方的實際需求。因此，面對地方民眾對官方政令或訊息所產生的質疑、批評，中央與地方政府應該即時處理，若是置之不理，一旦凝聚群體意識，很有可能由溫和的訴願行動，轉而成爲武力抗

爭，直接向官方統治權力挑戰的情形出現。所以官方訊息傳播流通之後，觀察與考量民眾接受的態度，然後作出適當的應對，不僅是官員施政的重心，更是有效維持政令施行之道。

此外，公眾意識的凝聚與結合，顯示地方社會的組織結構特色，除了由朝廷以行政命令交付地方官員，再透過地方士紳、里甲執行政令的「縱向統合」之外，另外還有以地方鄉里凝聚群體意識，來爭取或保護自身權益所形成的「橫向統合」。而後者的意識結合，通常是發自於爭取地方權益或統整資源，企圖於中央統治權力之下，爭取更多地方治理的彈性空間。因此，相對於中央朝廷與地方社會的互動關係，說明了並非只有單一直接控制的情形，所凝聚的地方公眾意識，代表著一股對抗或協調的影響勢力，雖然官府不一定會完全接受其建議，但仍須加以考量或與之協商，於是造成地方政府施政的來源之一，進而形成雙軌制命令來源的行政特性。

徵引書目

一、史 料

（一）一 般

1. 漢・司馬遷，《史記》，一三〇卷，臺北：鼎文書局，1978 年 10 月再版。

2. 漢・班固，《漢書》，一〇〇卷，臺北：鼎文書局，1976 年 10 月再版。

3. 漢・鄭玄注、唐・孔穎達疏，《禮記正義》，六十三卷，《十三經注疏整理本》，臺北：臺灣古籍出版社，2001 年 10 月初版。

4. 漢・鄭玄注、唐・賈公彥疏，《周禮注疏》，四十二卷，《十三經注疏整理本》，臺北：臺灣古籍出版社，2001 年 10 月初版。

5. 晉・郭璞注、宋・邢昺疏，《爾雅注疏》，十一卷，《十三經注疏整理本》，臺北：臺灣古籍出版社，2001 年 10 月初版。

6. 晉・陳壽撰、南朝宋・裴松之注，《三國志》，六十五卷，臺北：鼎文書局，1979 年 10 月再版。

7. 北齊・魏收，《魏書》，一一四卷，臺北：鼎文書局，1978 年 10 月再版。

8. 南朝宋・范曄，《後漢書》，一二〇卷，臺北：鼎文書局，1978 年 10 月再版。

9. 唐・王定保，《唐摭言》，十五卷，《筆記小說大觀》二十編一冊，臺北：新興書局，1978 年 9 月初版。

10. 唐・姚思廉，《梁書》，五十六卷，臺北：鼎文書局，1978 年 10 月再版。

11. 唐・劉肅，《大唐新語》，十三卷，北京：中華書局，1984 年 6 月第一版。

12. 後晉・劉煦，《舊唐書》，二〇〇卷，臺北：鼎文書局，1978 年 10 月再版。

13. 宋‧王溥,《唐會要》,一○○卷,《中國學術名著》第二輯,臺北:世界書局,1974 年。

14. 宋‧司馬光編撰、元‧胡三省音註,《資治通鑑》,二九四卷,臺北:世界書局,1980 年 10 月九版。

15. 宋‧朱熹集註、蔣伯潛廣解,《四書讀本》,臺北:啓明書局,出版年月不詳。

16. 宋‧宋綬、宋敏求編,《宋大詔令集》,二四○卷,目錄二卷,臺北:鼎文書局,1972 年 9 月初版。

17. 宋‧李心傳,《建炎以來繫年要錄》,二○○卷,《宋史資料萃編》第二輯,臺北:文海出版社,1968 年 1 月初版。

18. 宋‧徐夢莘,《三朝北盟會編》,二五○卷,臺北:文海出版社,1977 年 12 月再版。

19. 宋‧歐陽修、宋祈撰,《新唐書》,二二五卷,臺北:鼎文書局,1979 年再版。

20. 元‧不著撰人,《大元聖政國朝典章》,六十卷,《續修四庫全書》史部七八七～七八八冊,上海:上海古籍出版社,1997 年,據元刻本景印。

21. 元‧不著撰人,《新編事文類要啓箚青錢》,五十一卷,《四庫全書存目叢書》子部一七一冊,臺南:莊嚴文化事業,1997 年 6 月初版,據元泰定元年建安劉氏日新堂重刊本景印。

22. 元‧徐元瑞,《吏學指南》,不分卷,臺北:大華印書館,1972 年 3 月。

23. 明‧于慎行,《穀山筆麈》,十八卷,北京:中華書局,1984 年 6 月第一版。

24. 明‧不著撰人,《大明律疏附例所載續例附考及新例》,《中國珍稀法律典籍集成》乙編第二冊,北京:科學出版社,1994 年 8 月第一版。

25. 明‧不著撰人,《明代登科錄彙編》,不分卷,臺北:臺灣學生書局,1969 年 12 月初版。

26. 明‧不著撰人,《明洪武四年進士登科錄》,《叢書集成新編》一○二冊,臺北:新文豐出版公司,1985 年 1 月初版。

27. 明‧不著撰人,《皇明成化二十三年條例》,不分卷,《中國珍稀法律典籍集成》乙編第二冊,北京:科學出版社,1994 年 8 月第一版。

28. 明‧不著撰人,《教民榜文》,不分卷,《中國珍稀法律典籍集成》乙編第一冊,北京:科學出版社,1994 年 8 月第一版。

29. 明‧不著撰人,《雲間雜誌》,三卷,《四庫全書存目叢書》子部二四四冊,濟南:齊魯書社,1995 年 9 月第一版,據清乾隆平湖陸氏刻奇晉齋叢書本景印。

30. 明‧不著撰人,《諸司職掌》,十卷,《玄覽堂叢書》初輯,臺北:國立中

央圖書館，1981 年 8 月臺初版，據明刊本景印。

31. 明・文秉，《烈皇小識》，八卷，《筆記小說大觀》十編三冊，臺北：新興書局，1975 年。

32. 明・王世貞，《弇山堂別集》，一○○卷，北京：中華書局，1985 年 12 月第一版。

33. 明・王世貞，《嘉靖以來內閣首輔傳》，八卷，《明代傳記叢刊》，臺北：明文書局，1991 年 1 月初版，據民國二十七年北平哈佛燕京學社排印本景印。

34. 明・王圻，《續文獻通考》，二五四卷，《四庫全書存目叢書》史部一八五～一八九冊，臺南：莊嚴文化事業，1997 年 6 月初版，據明萬曆三十一年曹時聘等刻本景印。

35. 明・丘濬，《大學衍義補》，一六○卷，京都：中文出版社，1979 年 1 月初版，據日本實正四年和刻本景印。

36. 明・田藝蘅，《留青日札》，三十九卷，《四庫全書存目叢書》子部一○五冊，臺南：莊嚴文化事業，1997 年 6 月初版，據明萬曆三十七年徐懋升重刻本景印。

37. 明・朱子素，《嘉定屠城紀略》，一卷，臺北：廣文書局，1964 年 2 月初版。

38. 明・朱元璋，《大誥武臣》，不分卷，《中國珍稀法律典籍集成》乙編第一冊，北京：科學出版社，1994 年 8 月第一版。

39. 明・朱元璋，《御製大誥》，不分卷，《中國珍稀法律典籍集成》乙編第一冊，北京：科學出版社，1994 年 8 月第一版。

40. 明・朱元璋，《御製大誥續編》，不分卷，《中國珍稀法律典籍集成》乙編第一冊，北京：科學出版社，1994 年 8 月第一版。

41. 明・朱吾弼等輯，《留臺奏議》，二十卷，《四庫全書存目叢書》史部七十四～七十五冊，臺南：莊嚴文化事業，1997 年 6 月初版，據明萬曆三十三年刻本景印。

42. 明・朱長祚，《玉鏡新譚》，十卷，北京：中華書局，1989 年 9 月第一版。

43. 明・朱國禎，《湧幢小品》，三十二卷，《筆記小說大觀》二十二編七冊，臺北：新興書局，1978 年 9 月初版。

44. 明・吏部考功司編，《吏部考功司題稿》，不分卷，臺北：偉文圖書公司，1977 年 9 月初版，據明藍格鈔本景印。

45. 明・何喬遠，《名山藏》，不分卷，臺北：成文出版社，1971 年 1 月初版，據明崇禎十三年刊本景印。

46. 明・佘自強，《治譜》，八卷，《續修四庫全書》史部七五三冊，上海：上

海古籍出版社，1997 年，據明崇禎十二年胡璇刻本景印。

47. 明・余子俊，《余肅敏公奏議》，三卷，《四庫禁燬書叢刊》史部五十七冊，北京：北京出版社，2000 年 1 月第一版，據明嘉靖刻本景印。

48. 明・余象斗編述，《皇明諸司公案傳》，六卷，《古本小說叢刊》第六輯，北京：中華書局，1990 年月第一版，據明萬曆三台館余氏刊本景印。

49. 明・余繼登，《典故紀聞》，十八卷，北京：中華書局，1981 年 7 月第一版。

50. 明・吳世濟，《太和縣禦寇始末》，二卷，北京：中華書局，1983 年 10 月第一版。

51. 明・吳應箕，《留都見聞錄》，十二卷，《叢書集成續編》十二冊，臺北：新文豐出版公司，1989 年 7 月初版。

52. 明・呂坤，《呂公實政錄》，七卷，臺北：文史哲出版社，1971 年 8 月初版，據清嘉慶丁巳年重刊本景印。

53. 明・宋鳳翔，《秋涇筆乘》，一卷，《四庫全書存目叢書》子部一一〇冊，濟南：齊魯書社，1996 年 6 月初版，據清道光十一年六安晁氏木活字學海類編本景印。

54. 明・李材，《兵政紀略》，五十卷，《中國史學叢書》（三），臺北：臺灣學生書局，1986 年 6 月初版。

55. 明・李清，《三垣筆記》，三卷，北京：中華書局，1982 年 5 月第一版。

56. 明・李詡，《戒庵老人漫筆》，八卷，北京：中華書局，1982 年 2 月第一版

57. 明・沈榜，《宛署雜記》，二十卷，北京：北京古籍出版社，1983 年 12 月第一版。

58. 明・沈德符，《飛鳧語略》，一卷，《叢書集成新編》五十冊，臺北：新文豐出版公司，1985 年 1 月初版。

59. 明・沈德符，《萬曆野獲編》，三十卷，補遺四卷，北京：中華書局，1959 年 2 月第一版。

60. 明・周玄暐，《涇林續紀》，不分卷，《歷代小說筆記選》，臺北：臺灣商務印書館，1980 年 12 月臺二版。

61. 明・明太祖敕錄，王天有、張何清點校，《逆臣錄》，五卷，北京：北京大學出版社，1991 年。

62. 明・明世宗，《敕議或問》，不分卷，《叢書集成新編》七十五冊，臺北：新文豐出版社，1985 年 1 月初版。

63. 明・林烴等修，《福建運司志》，十六卷，《玄覽堂叢書》初輯，臺北：國立中央圖書館，1982 年 6 月臺初版，據明萬曆癸丑刊本景印。

64. 明・林堯俞等纂修、俞汝楫等編撰，《禮部志稿》，一〇〇卷，《文淵閣四

庫全書》五九七～五九八冊，臺北：臺灣商務印書館，1983 年版，據國立故宮博物院藏本景印。

65. 明・祁伯裕，《南京都察院志》，四十卷，臺北：漢學資料中心景照明天啓三年刊本。

66. 明・姚士麟，《見只編》，《叢書集成新編》一一九冊，臺北：新文豐出版社，1985 年 1 月初版。

67. 明・皇甫錄，《皇明紀略》，一卷，《續修四庫全書》子部一一六七冊，上海：上海古籍出版社，1997 年月初版，據歷代小史本景印。

68. 明・范濂，《雲間據目抄》，五卷，《筆記小說大觀》第二十二編五冊，臺北：新興書局，1978 年 9 月初版。

69. 明・茅元儀，《武備志》，二四〇卷，《續修四庫全書》子部九六三～九六六冊，上海：上海古籍出版社，1997 年，據明天啓刻本景印。

70. 明・計六奇，《明季北略》，二十四卷，北京：中華書局，1984 年 6 月第一版。

71. 明・計六奇，《明季南略》，十八卷，北京：中華書局，1984 年 12 月第一版。

72. 明・孫傳庭，《孫傳庭疏牘》，四卷，杭州：浙江人民出版社，1983 年 10 月第一版。

73. 明・徐昌治編，《明朝破邪集》，八卷，臺北：漢學研究中心影照明楊宏刻本。

74. 明・祝允明，《野記》，四卷，《四庫全書存目叢書》子部二四〇冊，臺南：莊嚴文化事業，1997 年 6 月初版，據明毛文煒刻本景印。

75. 明・袁黃，《寶坻政書》，十二卷，《北京圖書館古籍珍本叢刊》四十八冊，北京：書目文獻出版社，1988 年 2 月，據明萬曆刻本景印。

76. 明・高舉刊刻，《明律集解附例》，三十卷，臺北：成文出版社，1969 年臺一版，據清光緒二十四年重刊本景印。

77. 明・凌濛初，《二刻拍案驚奇》，四十卷，臺北：桂冠圖書公司，1992 年 2 月四版。

78. 明・張岱，《石匱書後集》，六十三卷，《明史附編》（五），臺北：鼎文書局，1978 年 10 月再版。

79. 明・張肯堂，《䜤辭》，十二卷，臺北：臺灣學生書局，1970 年 12 月初版，據明崇禎年間原刊本景印。

80. 明・張紞，《雲南機務鈔黃》，一卷，《叢書集成新編》一二〇冊，臺北：新文豐出版社，1985 年 1 月初版。

81. 明・張鹵校刊，《皇明制書》，二十卷，臺北：成文出版社，1969 年，據明萬曆年間刊本景印。

82. 明・張萱，《西園聞見錄》，一○七卷，《明代傳記叢刊》，臺北：明文書局，1991 年 1 月初版，據民國二十七年北平哈佛燕京學社排印本景印。

83. 明・堵胤錫，《榷政紀略》，四卷，《北京圖書館古籍珍本叢刊》四十七冊，北京：書目文獻出版社，1988 年 2 月，據明崇禎刻本景印。

84. 明・張瀚，《松窗夢語》，八卷，北京：中華書局，1985 年 5 月第一版。

85. 明・戚繼光，《練兵實紀》，北京：中華書局，2001 年 6 月第一版。

86. 明・曹棟，《洪武永樂榜文》，不分卷，《中國珍稀法律典籍集成續編》三冊，哈爾濱：黑龍江人民出版社，2002 年 11 月第一版。

87. 明・曹履泰，《靖海紀略》，四卷，《叢書集成新編》九十七冊，臺北：新文豐出版公司，1985 年 1 月初版。

88. 明・許浩，《復齋日記》，一卷，《四庫全書存目叢書》子部一○五冊，濟南：齊魯書社，1996 年 6 月初版，據明歷代小史本景印。

89. 明・陳子龍等編，《明經世文編》，五○四卷，附四卷，北京：中華書局，1962 年 6 月第一版。

90. 明・陳全之，《蓬窓日錄》，八卷，《四庫全書存目叢書》子部一一○冊，濟南：齊魯書社，1996 年 6 月初版，據明嘉靖四十四年祁縣知縣岳木刻本景印。

91. 明・陳洪謨，《繼世紀聞》，四卷，北京：中華書局，1985 年 5 月第一版。

92. 明・陳燕翼，《思文大紀》，八卷，《續修四庫全書》史部四四四冊，上海：上海古籍出版社，1997 年月初版，據清抄本景印。

93. 明・陳繼儒，《見聞錄》，八卷，《四庫全書存目叢書》子部二四四冊，濟南：齊魯書社，1995 年月初版，據明萬曆繡水沈氏刻寶顏堂秘笈本景印。

94. 明・陸深，《金臺紀聞》，一卷，《叢書集成新編》八十七冊，臺北：新文豐出版公司，1985 年 1 月初版。

95. 明・章潢，《圖書編》，一二七卷，臺北：成文出版社，1971 年 1 月初版，據明萬曆四十一年刊本景印。

96. 明・傅鳳翔編纂，《皇明詔令》，二十一卷，臺北：成文出版社，1967 年 9 月，據明嘉靖刊本景印。

97. 明・焦竑，《玉堂叢語》，八卷，北京：中華書局，1981 年 7 月第一版。

98. 明・馮夢龍，《古今譚槩》，三十六卷，《四庫全書存目叢書》子部一三六冊，臺南：莊嚴文化事業，1997 年 6 月初版，據明刻本景印。

99. 明・馮夢龍，《喻世明言》，四十卷，臺北：桂冠圖書公司，1990 年 1 月再版。

100. 明・黃希憲，《撫吳檄略》，八卷，臺北：漢學研究中心影照明刊本。

101. 明・黃宗羲編，《明文海》，四八二卷，補遺一卷，北京：中華書局，1987年2月第一版。

102. 明・楊博，《楊襄毅公本兵奏疏》，二十四卷，《續修四庫全書》史部四七七冊，上海：上海古籍出版社，1997年，據浙江圖書館藏明萬曆十四年師貞堂刻本景印。

103. 明・葉盛，《葉文莊公奏疏》，四十卷，《四庫全書存目叢書》史部五十八冊，濟南：齊魯書社，1995年9月第一版，據明崇禎四年葉重華刻本景印。

104. 明・葉權，《賢博編》，不分卷，北京：中華書局，1987年8月第一版。

105. 明・過庭訓纂集，《明分省人物考》，一一五卷，《明代傳記叢刊》，臺北：明文書局，1991年1月初版，據明刊本景印。

106. 明・郤澍，《啓禎野乘》，十六卷，《明代傳記叢刊》，臺北：明文書局，1991年1月初版，據民國二十七年北平哈佛燕京學社排印本景印。

107. 明・雷夢麟，《讀律瑣言》，三十卷，北京：法律出版社，2001年1月第一版。

108. 明・熊鳴岐，《昭代王章》，五卷，《玄覽堂叢書》初輯，臺北：國立中央圖書館，1981年8月臺初版，據明師儉堂刊本景印。

109. 明・劉辰，《國初事蹟》，一卷，《叢書集成新編》一一九冊，臺北：新文豐出版社，1985年1月初版。

110. 明・談遷，《北游錄》，九卷，北京：中華書局，1960年4月第一版。

111. 明・談遷，《國榷》，一○四卷，附四卷，臺北：鼎文書局，1978年7月初版。

112. 明・鄭曉，《今言》，四卷，北京：中華書局，1984年5月第一版。

113. 明・鄭曉，《鄭端簡公今言類編》，《百部叢書集成（九十七）・鹽邑志林》，臺北：藝文印書館，1967年，據明天啓樊維城輯刊本景印。

114. 明・鄧球，《皇明詠化類編》，臺北：國風出版社，1965年4月初版，據國立中央圖書館藏明隆慶間刊鈔補本景印。

115. 明・盧象昇，《盧象昇疏牘》，十二卷，杭州：浙江古籍出版社，1985年2月第一版。

116. 明・應檟修、劉堯誨重修，《蒼梧總督軍門志》，三十四卷，臺北：臺灣學生書局，1970年12月初版，據萬曆九年廣東布政司刊本景印。

117. 明・戴金等編，《皇明條法事類纂》，五十卷，《中國珍稀法律典籍集成》乙編第二冊，北京：科學出版社，1994年8月第一版。

118. 明・繆沅，《登陴紀略》，不分卷，《中國史學叢書》三編，臺北：臺灣學生書局，1986年6月初版，據國立中央圖書館藏明崇禎間刊本影印。

119. 明‧謝純,《漕運通志》,十卷,《北京圖書館古籍珍本叢刊》,北京:書目文獻出版社,1988 年 2 月,據北京圖書館藏明嘉靖七年楊宏刻本景印。

120. 明‧謝肇淛,《五雜俎》,十六卷,臺北:新興書局,1971 年 5 月,據明萬曆戊申年刻本景印。

121. 明‧禮部編纂,《宗藩條例》,二卷,《中國珍稀法律典籍集成》乙編第一冊,北京:科學出版社,1994 年 8 月第一版。

122. 明‧顏俊彥,《盟水齋存牘》,不分卷,北京:中國政法大學出版社,2002 年。

123. 明‧顧起元,《客座贅語》,十卷,北京:中華書局,1987 年 4 月第一版。

124. 清‧天花才子編輯、四橋居士評點,《快心編傳奇》,初集五卷,二集五卷,三集六卷,臺北:天一出版社,1976 年 3 月初版。

125. 清‧王士禎,《池北偶談》,二十六卷,北京:中華書局,1982 年 1 月第一版。

126. 清‧包世臣,《齊民四術》,北京:中華書局,2001 年 3 月第一版。

127. 清‧李綠園,《歧路燈》,鄭州:中州書畫社,1980 年 12 月第一版。

128. 清‧汪榮寶,《法言義疏》,二十卷,序一卷,目錄一卷,臺北:世界書局,1967 年 1 月再版。

129. 清‧汪輝祖,《學治臆說》,二卷,《續修四庫全書》史部七五五冊,上海:上海古籍出版社,1997 年,據清同治元年吳氏望三益齋刻本景印。

130. 清‧谷應泰,《明史紀事本末》,八十卷,臺北:三民書局,1969 年 4 月初版。

131. 清‧邵廷寀,《東南紀事》,十二卷,臺北:廣文書局,1964 年 2 月初版。

132. 清‧查繼佐,《罪惟錄》,九十卷,《四部叢刊廣編》,臺北:臺灣商務印書館,1981 年 2 月初版,據上海涵芬樓影印吳興劉氏嘉業堂手稿本。

133. 清‧計六奇,《明季南略》,十六卷,北京:中華書局,1984 年。

134. 清‧孫承澤,《春明夢餘錄》,七十卷,臺北:大立出版社,1980 年 10 月,據清光緒九年古香齋重刊本景印。

135. 清‧徐松輯,《宋會要輯稿》,不分卷,臺北:新文豐出版社,1976 年。

136. 清‧徐芳烈,《浙東記略》,一卷,臺北:廣文書局,1964 年 2 月初版。

137. 清‧袁棟,《書隱叢說》,十九卷,《四庫全書存目叢書》子部一一六冊,臺南:莊嚴文化,1995 年,據清乾隆刻本景印。

138. 清‧張廷玉等,《明史》,三三二卷,臺北:鼎文書局,1978 年 10 月再版。

139. 清・畢沅，《續資治通鑑》，二二〇卷，臺北：世界書局，1962 年 10 月初版。

140. 清・黃六鴻，《福惠全書》，三十二卷，《四庫未收書輯刊》三輯十九冊，北京：北京出版社，2000 年月第一版，據清光緒十九年文昌會館刻本景印。

141. 清・楊士聰，《玉堂薈記》，四卷，《四庫全書存目叢書》子部二四四冊，臺南：莊嚴文化事業，1997 年，據北京圖書館藏清鈔本景印。

142. 清・董誥等編，《全唐文》，一〇〇〇卷，目錄三卷，臺北：啓文書局，1961 年 2 月臺初版。

143. 清・趙翼，《二十二史箚記》，三十六卷，補遺一卷，臺北：華世出版社，1977 年 9 月新一版。

144. 清・潘檉章，《國史考異》，六卷，《叢書集成新編》一二〇冊，臺北：新文豐出版公司，1985 年 1 月初版。

145. 清・龍文彬，《明會要》，八十卷，北京：中華書局，1956 年 1 月第一版。

146. 清・羅振玉錄，《太宗文皇帝招撫皮島諸將諭帖》，收錄於《羅雪堂先生全集》四編，臺北：大通書局，1972 年 12 月初版。

147. 清・顧炎武，《日知錄之餘》，四卷，《續修四庫全書》子部一一四四冊，上海：上海古籍出版社，1997 年，據清宣統二年吳中刻本景印。

148. 清・顧炎武，《原抄本日知錄》，三十二卷，臺北：明倫出版社，1970 年 9 月再版。

149. 上海博物館圖書資料室編，《上海碑刻資料選輯》，上海：上海人民出版社，1980 年 6 月第一版。

150. 中央研究院歷史語言研究所編，《明清史料》，臺北：維新書局，1972 年 3 月再版。

151. 方齡貴校注，《通制條格校注》，北京：中華書局，2001 年 7 月第一版。

152. 王國平、唐力行主編，《明清以來蘇州社會史碑刻集》，蘇州：蘇州大學出版社，1998 年 8 月第一版。

153. 北京圖書館金石組編，《北京圖書館藏中國歷代石刻拓本匯編》，鄭州市：中州古籍出版社，1989 年 8 月第一版。

154. 江蘇省博物館編，《江蘇省明清以來碑刻資料選集》，東京都：大安株式會社，1967 年 8 月。

155. 李華編，《明清以來北京工商會館碑刻選編》，北京：文物出版社，1980 年 6 月第一版。

156. 金柏東主編，《溫州歷代碑刻集》，上海：上海社會科學院出版社，2002 年 12 月第一版。

157. 前東北圖書館編，《明清內閣大庫史料》，《中國文史哲資料叢刊》，臺北：文史哲出版社，1971 年 5 月初版。

158. 前間恭作訓讀、末松保和編纂，《訓讀吏文》，東京：極東書店，1942 年 12 月。

159. 咸陽市文物考古研究所等編，《咸陽碑刻》，西安：三秦出版社，2003 年 7 月第一版。

160. 高文、高成剛編，《四川歷代碑刻》，成都：四川大學出版社，1990 年 12 月第一版。

161. 國家圖書館善本金石組編，《明清石刻文獻全編》，北京：北京圖書館出版社，2003 年 3 月第一版。

162. 國家圖書館善本金石組編，《歷代石刻史料彙編》，北京：北京圖書館出版社，2000 年 8 月第一版。

163. 博克舍（C. R. Boxer）編著，何高濟譯，《十六世紀中國南部行紀》（*South China in The Sixteenth Century*），北京：中華書局，1990 年 7 月第一版。

164. 喬治忠編，《清文前編》，北京：北京圖書館出版社，2000 年 9 月第一版。

165. 黃彰健，《明代律例彙編》，臺北：三民書局，1979 年 3 月初版。

166. 睡虎地秦簡整理小組編，《睡虎地秦墓竹簡》，北京：文物出版社，1990 年 9 月第一版。

167. 廣西民族研究所編，《廣西少數民族地區石刻碑文集》，南寧：廣西民族出版社，1982 年 9 月第一版。

168. 廣西師範大學出版社，《中國明朝檔案總匯》，桂林：廣西師範大學出版社，2001 年 6 月第一版。

169. 廣東省社會科學院等編，《明清佛山碑刻文獻經濟資料》，廣州：廣東人民出版社，1987 年。

170. 遼寧省檔案館、遼寧省社會科學院歷史研究所匯編，《明代遼東檔案匯編》，瀋陽：遼瀋書社，1985 年 6 月第一版。

171. 譚棣華、曹騰騑、冼劍民編，《廣東碑刻集》，廣州：廣東高等教育出版社，2001 年 1 月第一版。

172. 蘇州博物館、江蘇師范學院歷史系、南京大學明清史研究室編，《明清蘇州工商業碑刻集》，蘇州：江蘇人民出版社，1981 年 2 月第一版。

（二）文　集

1. 明·史可法，《史可法集》，四卷，上海：上海古籍出版社，1984 年 7 月第一版。

2. 明·尹昌隆，《尹訥菴先生遺稿》，十卷，《四庫全書存目叢書》集部二十

六冊，臺南：莊嚴文化公司，1997 年 7 月初版，據明萬曆刻本景印。

3. 明・文林，《文溫州集》，十二卷，《四庫全書存目叢書》集部四十冊，臺南：莊嚴文化事業，1997 年 6 月初版，據明刻本景印。

4. 明・王偉，《思軒文集》，二十三卷，附錄一卷，《續修四庫全書》集部一三二九冊，上海：上海古籍出版社，1997 年，據明弘治刻本景印。

5. 明・王守仁，《王陽明全集》，四十一卷，上海：上海古籍出版社，1997 年 8 月第一版。

6. 明・王廷相，《浚川內臺集》，三卷，《續修四庫全書》集部一三三五冊，上海：上海古籍出版社，1997 年，據明萬曆刻本景印。

7. 明・王宗沐，《敬所王先生文集》，三十卷，《四庫全書存目叢書》集部一一一冊，臺南：莊嚴文化公司，1997 年 7 月初版，據明萬曆元年劉良弼刻本景印。

8. 明・何良俊，《何翰林集》，二十八卷，《四庫全書存目叢書》集部一四二冊，臺南：莊嚴文化事業，1997 年 6 月初版，據明嘉靖四十四何氏香嚴精舍刻本景印。

9. 明・何喬新，《何文肅公文集》，三十四卷，外集一卷，臺北：偉文圖書公司，1976 年 5 月。

10. 明・吳亮，《止園集》，二十四卷，附錄四卷，臺北：漢學資料中心景照明天啓元年刊本。

11. 明・呂柟，《涇野先生文集》，三十六卷，《四庫全書存目叢書》集部六十一冊，臺南：莊嚴文化公司，1997 年 6 月初版，據明嘉靖三十四年于德昌刻本景印。

12. 明・李東陽，《李東陽集》，長沙：岳麓書社，1985 年 1 月第一版。

13. 明・李陳玉，《退思堂集》，十三卷，臺北：漢學資料中心景照明崇禎年間刊本。

14. 明・李維楨，《大泌山房集》，一三四卷，目錄二卷，《四庫全書存目叢書》集部一五三冊，臺南：莊嚴文化公司，1997 年 7 月初版，據明萬曆三十九年刊本景印。

15. 明・沈演，《止止齋集》，七十卷，臺北：漢學資料中心景照明崇禎六年刊本。

16. 明・汪道昆，《太函集》，一二〇卷，《四庫全書存目叢書》集部一一八冊，臺南：莊嚴文化事業，1997 年 6 月初版，據明萬曆刻本景印。

17. 明・岳和聲，《餐微子集》，五卷，《明季史料集珍》，臺北：偉文出版社，1977 年，據中央圖書館藏明天啓刊本景印。

18. 明・況鍾，《況太守治蘇集》，十六卷，續十二卷，臺北：漢學研究中心影照清乾隆二十九年刊本。

19. 明・洪朝選，《洪芳洲公文集》，臺北：洪福增重印，1989 年 11 月。

20. 明・夏良勝，《東洲初稿》，十四卷，附錄一卷《文淵閣四庫全書》集部一二六九冊，臺北：臺灣商務印書館，1983 年版，據國立故宮博物院藏本景印。

21. 明・夏言，《夏桂洲先生文集》，十八卷，年譜一卷，《四庫全書存目叢書》集部七十四～七十五冊，臺南：莊嚴文化事業，1997 年 6 月初版，據明崇禎十一年吳一璘刻本景印。

22. 明・徐階，《世經堂集》，二十六卷，《四庫全書存目叢書》集部七十九～八十冊，臺南：莊嚴文化事業，1997 年 6 月初版，據明萬曆徐氏刻本景印。

23. 明・海瑞，《海忠介公全集》，七卷，臺北：海忠介公集輯印委員會，1973 年 5 月初版。

24. 明・商輅，《商文毅公集》，十卷，《四庫全書存目叢書》集部三十五冊，臺南：莊嚴文化事業，1997 年 6 月初版，據明萬曆三十年劉體元刻本景印。

25. 明・張旭，《梅巖小稿》，三十卷，《四庫全書存目叢書》集部四十一冊，臺南：莊嚴文化事業，1997 年 6 月初版，據明正德元年刻本景印。

26. 明・張璁，《太師張文忠公集》，十九卷，《四庫全書存目叢書》集部七十七冊，臺南：莊嚴文化事業，1997 年 6 月初版，據明萬曆四十三年張汝紀等刻增修本景印。

27. 明・張居正，《張居正集》，二十八卷，湖北：荊楚書社，1987 年 9 月第一版。

28. 明・郭子章，《蠙衣生粵草》，十卷，《蠙衣生蜀草》，十一卷，《四庫全書存目叢書》集部一五四冊，臺南：莊嚴文化公司，1997 年 7 月初版，據明萬曆十八年周應鰲刻本景印。

29. 明・陳循，《芳洲文集續編》，六卷，《續修四庫全書》集部一三二八冊，上海：上海古籍出版社，1997 年月初版，據明萬曆四十六年陳以躍刻本景印。

30. 明・陳儒，《芹山集》，三十四卷，臺北：漢學研究資料中心景照明隆慶三年刊本。

31. 明・陳龍正，《幾亭全書》，六十四卷，《四庫禁燬書叢刊》集部十一～十二冊，北京：北京出版社，2000 年 1 月初版，據清康熙雲書閣刻本景印。

32. 明・湛若水，《湛甘泉先生文集》，三十二卷，《四庫全書存目叢書》集部五十六～五十七冊，臺南：莊嚴文化事業，1997 年 6 月初版，據清康熙二十年黃楷刻本景印。

33. 明・費宏，《太保費文憲公摘稿》，二十卷，臺北：文海出版社，1970 年 3 月，據明嘉靖三十四年江西刊本景印。

34. 明・馮從吾，《馮少墟續集》，六卷，《叢書集成三編》五十冊，臺北：新文豐出版公司，1997 年 3 月初版，據臺灣大學藏馮恭定全書本景印。

35. 明・黃福，《黃忠宣公文集》，十三卷，《四庫全書存目叢書》集部二十七冊，臺南：莊嚴文化事業，1996 年版，據明嘉靖馮時雍刻本景印。

36. 明・黃瓚，《雪洲集》，十二卷，續集二卷，《四庫全書存目叢書》集部四十三冊，臺南：莊嚴文化事業，1997 年 6 月初版，據明嘉靖黃長壽刻本景印。

37. 明・楊一清，《楊一清集》，北京：中華書局，2001 年 5 月第一版。

38. 明・楊璿，《楊宜閒文集》，臺北：國家圖書館藏明弘治元年無錫楊氏家刊本。

39. 明・葉春及，《石洞集》，十八卷，《文淵閣四庫全書》一二八六冊，臺北：臺灣商務印書館，1983 年，據國立故宮博物院藏本景印。

40. 明・葉盛，《涇東小稾》，九卷，《續修四庫全書》集部一三二九冊，上海：上海古籍出版社，1997 年，據明弘治刻本景印。

41. 明・齊之鸞，《蓉川集》，八卷，附錄一卷，《四庫全書存目叢書》集部六十七冊，臺南：莊嚴文化公司，1997 年 7 月初版，據清康熙二十年悠然亭刻本景印。

42. 明・劉夏，《劉尚賓文續集》，四卷，《續修四庫全書》集部一三二六冊，上海：上海古籍出版社，2002 年版，據明永樂劉拙刻成化劉衢增修本景印。

43. 明・錢琦，《錢臨江先生集》，八卷，《四庫全書存目叢書》集部六十四冊，臺南：莊嚴文化公司，1997 年 7 月初版，據明萬曆三十二年錢鼒刻本景印。

44. 明・戴澳，《杜曲集》，十一卷，《四庫禁燬書叢刊》集部七十一冊，北京：北京出版社，2000 年 1 月第一版，據明崇禎刻本景印。

45. 明・薛應旂，《方山薛先生全集》，六十八卷，《續修四庫全書》集部一三四三冊，上海：上海古籍出版社，1997 年，據明嘉靖刻本景印。

46. 明・歸有光，《震川先生集》，三十卷，別集十卷，《四部叢刊初編》集部，臺北：臺灣商務印書館，1975 年 6 月臺三版，據清康熙本景印。

47. 明・瞿式耜，《瞿式耜集》，四卷，上海：上海古籍出版社，1981 年 11 月第一版。

48. 明・顏元，《顏元集》，北京：中華書局，1987 年 6 月第一版。

49. 明・魏校，《莊渠遺書》，十六卷，《文淵閣四庫全書》一二六七冊，臺北：臺灣商務印書館，1983 年版，據國立故宮博物院藏本景印。

50. 清・顧炎武，《顧亭林先生遺書十種》，臺北：古亭書屋，1969 年 8 月初版，據清蓬瀛閣刊本景印。

（三）方　志

1. 明・王宗沐纂修、陸萬垓增修，《江西省大志》，八卷，《中國方志叢書・華中地方》（七七九），臺北：成文出版社，1989 年 3 月臺一版，據明萬曆二十五年刊本景印。

2. 明・王璽、程三省等纂修，《萬曆・南豐縣志》，七卷，《中國方志叢書・華中地方》（八二四），臺北：成文出版社，1989 年，據明萬曆十四年刊本景印。

3. 明・任自垣纂修，《敕建大岳太和山志》，十五卷，武漢：湖北人民出版社，1999 年 9 月第一版。

4. 明・余文龍修，《天啓・贛州府志》，二十卷，卷首一卷，《中國方志叢書・華中地方》（九六○），臺北：成文出版社，1989 年，據明天啓元年刊本景印。

5. 明・呂昌期修，《萬曆・嚴州府志》，二十四卷，首一卷，《中國方志叢書・華中地方》（五六七），臺北：成文出版社，1989 年，據明萬曆四十二年原刊本清順治六年重刻本景印。

6. 明・李思恭等修，《萬曆・池州府志》，十卷，《中國方志叢書・華中地方》（六三五），臺北：成文出版社，1989 年，據明萬曆四十年刊本景印。

7. 明・林庭、周廣等修，《嘉靖・江西通志》，三十七卷，《中國方志叢書・華中地方》（七八○），臺北：成文出版社，1989 年，據明嘉靖四年刊本景印。

8. 明・林雲程修，《萬曆・通州志》，八卷，《天一閣藏明代方志選刊》（四），臺北：新文豐出版公司，據明萬曆六年刊本景印。

9. 明・邵有道等，《嘉靖・汀州府志》，十九卷，《天一閣藏明代方志選刊續編》四十冊，上海：上海書店，1990 年，據明嘉靖刊本景印。

10. 明・范淶修，《萬曆・南昌府志》，三十卷，《中國方志叢書・華中地方》（八一○），臺北：成文出版社，1989 年，據明萬曆十六年刊本景印。

11. 明・徐用檢修，《萬曆・蘭谿縣志》，七卷，首一卷，《中國方志叢書・華中地方》（五一七），臺北：成文出版社，1989 年，據明萬曆三十四刊本清康熙間補刊本景印。

12. 明・徐良傅，《嘉靖・撫州府志》，十六卷，《中國方志叢書・華中地方》（九二五），臺北：成文出版社，1989 年，據明嘉靖三十三年刊本景印。

13. 明・堵奎臨等修，《萬曆・瑞金縣志》，十一卷，《中國方志叢書・華中地

方》（九○○），臺北：成文出版社，1989 年，據萬曆三十一年刊本景印。

14. 明·崔維嶽纂修，《萬曆·宿州志》，二十六卷，首一卷，《中國方志叢書·華中地方》（六六七），臺北：成文出版社，1989 年，據明萬曆二十四年序刊本手鈔本景印。

15. 明·張時徹纂修，《嘉靖·定海縣志》，十三卷，首一卷，《中國方志叢書·華中地方》（五○二），臺北：成文出版社，1989 年，據明嘉靖四十二年刊本景印。

16. 明·梅守德、任子龍等修，《嘉靖·徐州志》，十二卷，《中國方志叢書·華中地方》（四三○），臺北：成文出版社，1989 年，據明嘉靖間刊本景印。

17. 明·盛儀，《惟揚志》，三十八卷，臺北：漢學資料中心景照明嘉靖殘本。

18. 明·莫旦纂，《弘治·吳江志》，二十二卷，首一卷，附一卷，臺北：學生書局，據明弘治元年刊本景印。

19. 明·郭棐纂修，《萬曆·廣東通志》，七十二卷，《四庫全書存目叢書》史部一九七～一九八冊，臺南：莊嚴文化事業，1997 年，據明萬曆三十年刻本景印。

20. 明·陳俊等修，《萬曆·寧國府志》，二十卷，首一卷，《中國方志叢書·華中地方》（六九一），臺北：成文出版社，1989 年，據明萬曆五年刊本景印。

21. 明·陶履中等纂修，《崇禎·瑞州府志》，二十四卷，《中國方志叢書·華中地方》（八九七），臺北：成文出版社，1989 年，據明崇禎元年刊本景印。

22. 明·曾惟誠，《帝鄉紀略》，十一卷，《中國方志叢書·華中地方》（七○○），臺北：成文出版社，1989 年，據明萬曆二十七年刊本景印。

23. 明·焦希程，《維揚關志》，五卷，臺北：漢學資料中心景照明嘉靖二十二年刊本。

24. 明·董邦政修、黃紹文纂，《嘉靖·六合縣志》，八卷，《天一閣藏明代方志選刊續編》七冊，上海：上海書店，1990 年 12 月，據明嘉靖刊本景印。

25. 明·鄔鳴雷、趙元吉等纂修，《萬曆·建昌府志》，十四卷，《中國方志叢書·華中地方》（八二九），臺北：成文出版社，1989 年，據明萬曆四十一年刊本景印。

26. 明·劉垓等纂修，《萬曆·六安州志》，八卷，《中國方志叢書·華中地方》（六一五），臺北：成文出版社，1989 年，據明萬曆十二年刊本景印。

27. 明‧蔡邦俊等纂修，《崇禎‧撫州府志》，二十卷，《中國方志叢書‧華中地方》（九二六），臺北：成文出版社，1989 年，據明崇禎七年刊本景印。

28. 明‧談愷，《虔臺續志》，五卷，臺北：漢學研究中心影照明嘉靖三十四年刊本。

29. 明‧魯點編輯，《齊雲山志》，五卷，《中國方志叢書‧華中地方》（七〇二），臺北：成文出版社，1989 年，據明萬曆二十七年刊清道光十年修補本景印。

30. 明‧韓晟修，《萬曆‧遂安縣志》，四卷，首一卷，《中國方志叢書‧華中地方》（五七一），臺北：成文出版社，1989年，據明萬曆四十年鈔本景印。

31. 明‧嚴嵩修、季德甫增修，《嘉靖‧袁州府志》，二十卷，首一卷，《中國方志叢書‧華中地方》（八四三），臺北：成文出版社，1989年，據明嘉靖四十年刊本景印。

32. 明‧釋大壑，《南屏淨慈寺志》，十卷，《四庫全書存目叢書》史部二四三冊，臺南：莊嚴文化事業，1997年，據明萬曆四十四年吳敬等刻清康熙增修本景印。

33. 清‧宋瑛等纂修，《同治‧泰和縣志》，四十四卷，首一卷，《中國方志叢書‧華中地方》（八四〇），臺北：成文出版社，1989年，據清同治十一年抄本景印。

34. 清‧沈士秀等修，《康熙‧東鄉縣志》，八卷，《中國方志叢書‧華中地方》（七九二），臺北：成文出版社，1989年，據清康熙四年刊本景印。

35. 清‧周廣業等修，《寧志餘聞》，八卷，《中國方志叢書‧華中地方》（五九二），臺北：成文出版社，1989年，據清乾隆五十四年鈔本景印。

36. 清‧尚崇年、熊大彬纂修，《康熙‧萍鄉縣志》，八卷，《中國方志叢書‧華中地方》（八五五），臺北：成文出版社，1989年，據清康熙二十二年刊本景印。

37. 清‧侯元棐等修，《康熙‧德清縣志》，十卷，首一卷，《中國方志叢書‧華中地方》（四九一），臺北：成文出版社，1989年，據清康熙十二年鈔本景印。

38. 清‧張尚瑗編纂，《激水志林》，二十六卷，《中國方志叢書‧華中地方》（九五七），臺北：成文出版社，1989 年 3 月，據清康熙五十年刊本景印。

39. 清‧曹掄彬等修，《雍正‧處州府志》，二十卷，首一卷，《中國方志叢書‧華中地方》（六〇四），臺北：成文出版社，1989年，據清雍正十一年刊本景印。

40. 清‧程維伊等纂修，《康熙‧慶元縣志》，十卷，首一卷，《中國方志叢

書‧華中地方》（五二一），臺北：成文出版社，1989 年，據清康熙十一年刊本景印。

41. 清‧馮其世修、汪克淑等纂，《康熙‧武寧縣志》，十卷，《中國方志叢書‧華中地方》（七九四），臺北：成文出版社，1989 年，據清康熙六年刊本景印。

42. 清‧楊周憲修，《康熙‧新建縣志》，三十卷，卷首一卷，末一卷，《中國方志叢書‧華中地方》（八八四），臺北：成文出版社，1989 年，據清康熙十九年刊本景印。

43. 清‧董正等修，《乾隆‧安遠縣志》，八卷，《中國方志叢書‧華中地方》（七七四），臺北：成文出版社，1989 年，據清乾隆十六年刊本景印。

44. 清‧董鴻圖等修，《康熙‧宿州志》，十二卷，首一卷，《中國方志叢書‧華中地方》（六六八），臺北：成文出版社，1989 年，據清康熙五十七年刊本景印。

45. 清‧鄒勳、聶世棠等纂修，《康熙‧蕭山縣志》，二十一卷，首一卷，《中國方志叢書‧華中地方》（五九七），臺北：成文出版社，1989 年，據清康熙十一年刊本景印。

二、論　著

（一）中文專書

1. Asa Briggs、Peter Burke 著，李明穎等譯，《大眾傳播史：從古騰堡到網際網路的時代》（*A social history of the media: from Gutenberg to the Internet*），臺北：韋伯文化，2004 年 7 月初版。

2. Tim O'Sullivan 等著，楊祖珺譯，《傳播及文化研究主要概念》（*Key Concepts in Communication and Cultural Studies*），臺北：遠流出版公司，1997 年 5 月初版。

3. 卜正民（Timothy Brook）著，方駿等譯，《縱樂的困惑：明代的商業與文化》（*The confusions of pleasure: commerce and culture in Ming China*），臺北：聯經出版事業公司，2004 年 2 月初版。

4. 于謙研究會編，《于謙研究》，北京：中國文史出版社，1998 年 10 月第一版。

5. 尹韻公，《中國明代新聞傳播史》，重慶：重慶出版社，1990 年 8 月第一版。

6. 王業鍵，《中國近代貨幣與銀行的演進 1644～1937》，臺北：中央研究院經濟研究所，1981 年 4 月初版。

7. 王國斌（R. Bin Wong）著，李伯重、連玲玲譯，《轉變的中國──歷史變遷與歐洲經驗的局限》（*China Transformed: Historical Change And The*

Limits Of European Experience），江蘇：江蘇人民出版社，1998 年 12 月
第一版。

8. 王賢德，《明末鄉村自衛之研究》，高雄：復文圖書出版社，1992 年 1 月
初版。

9. 王爾敏，《明清時代庶民文化生活》，臺北：中央研究院近代史研究所，
2000 年 7 月二版。

10. 卡內提（Elias Canetti）著，黃漢青、陳衛平譯，《群眾與權力》（*Crowds and Power*），臺北：博學出版社，1982 年 9 月初版。

11. 朱傳譽，《宋代新聞史》，臺北：中國學術著作獎助委員會，1967 年 9 月
初版。

12. 朱劍心，《金石學》，臺北：臺灣商務印書館，1995 年 7 月臺二版。

13. 吳晗，《朱元璋傳》，北京：生活‧讀書‧新知三聯書店，1979 年 4 月一
版。

14. 吳智和，《明清時代飲茶生活》，臺北：博遠出版社，1990 年 10 月初
版。

15. 吳智和，《明代的儒學教官》，臺北：臺灣學生書局，1991 年 3 月初版。

16. 吳蕙芳，《萬寶全書：明清時期的民間生活實錄》，臺北：政治大學歷史
系，2001 年 7 月初版。

17. 吳艷紅，《明代充軍研究》，北京：社會科學文獻出版社，2003 年 4 月第
一版。

18. 呂進貴，《明代的巡檢司制度》，宜蘭：明史研究小組，2002 年 8 月初
版。

19. 李孝悌，《清末的下層社會啟蒙運動 1901～1911》，臺北：中央研究院近
代史研究所，1998 年 5 月初版。

20. 李洵，《下學集》，北京：中國社會科學出版社，1995 年 8 月第一版。

21. 李茂政，《人類傳播行為大系通論》，臺北：美國教育出版社，1988 年 10
月初版。

22. 李彬，《唐代文明與新聞傳播》，北京：新華出版社，1999 年 6 月第一
版。

23. 殷尼斯（Harold A. Innis）著，曹定人譯，《帝國與傳播》（*Empire and Communication*），臺北：遠流出版社，1993 年 8 月初版。

24. 周慶明，《中國聖旨大觀》，上海：上海辭書出版社，2006 年 8 月第一
版。

25. 孟森，《明清史論著集刊正續編》，石家莊：河北教育出版社，2000 年 12
月第一版。

26. 金耀基，《從傳統到現代》，臺北：時報文化，1992 年 6 月三版。

27. 俞榮根，《儒家法思想通論》，桂林：廣西人民出版社，1992 年 5 月第一版。

28. 南炳文，《南明史》，天津：南開大學出版社，1992 年 11 月第一版。

29. 柏樺，《明代州縣政治體制研究》，北京：中國社會科學出版社，2003 年 1 月第一版。

30. 郁維明，《明代周忱對江南地區經濟社會的改革》，臺北：臺灣商務印書館，1990 年 5 月初版。

31. 韋慶遠，《明代黃冊研究》，北京：中華書局，1961 年 12 月第一版。

32. 海拉‧哈爾門（Harald Haarmann）著、方奕譯，《文字的歷史》，臺中：晨星出版社，2005 年 4 月初版。

33. 曼素恩（Susan Mann）著、楊雅婷譯，《蘭閨寶錄：晚明至盛清時的中國婦女》（*Precious records: women in China's long eighteenth century*），臺北：左岸文化出版，2005 年 11 月初版。

34. 彭衛、孟慶順，《歷史學的視野：當代史學方法概述》，西安：陝西人民出版社，1987 年 12 月第一版。

35. 潘喆、李鴻彬、孫方明編，《清入關前史料選輯》，北京：中國人民大學出版社，1984 年 11 月第一版。

36. 張玉法，《先秦的傳播活動及其影響》，臺北：商務印書館，1993 年 4 月初版。

37. 張秀民、韓琦，《中國活字印刷史》，北京：中國書籍出版社，1998 年 4 月第一版。

38. 張治安，《明代政治制度研究》，臺北：聯經出版事業公司，1992 年 6 月初版。

39. 張建仁，《明代教育管理制度研究》，臺北：文津出版社，1993 年 5 月初版。

40. 張晉藩、懷效鋒編，《中國法制通史‧明代卷》，北京：法律出版社，1999 年 1 月第一版。

41. 張壽安，《十八世紀禮學考證的思想活力：禮教論爭與禮秩重省》，臺北：中央研究院近代史研究所，2001 年 12 月初版。

42. 梁方仲，《明代糧長制度》，上海：上海人民出版社，2001 年 7 月第二版。

43. 連啓元，《明代的獄政管理——國家制度下的司法權力運作》，臺北：花木蘭文化出版社，2009 年 3 月初版。

44. 陳玉女，《明代二十四衙門宦官與北京佛教》，臺北：如聞出版社，2001 年 10 月初版。

45. 陳寶良，《明代社會生活史》，北京：中國社會科學出版社，2004 年 3 月

第一版。

46. 黃源盛,《中國傳統法制與思想》,臺北:五南圖書公司,1998 年 10 月初版。

47. 楊一凡,《明大誥研究》,江蘇:江蘇人民出版社,1988 年 12 月第一版。

48. 楊一凡,《洪武法律典籍考證》,北京:法律出版社,1992 年 8 月第一版。

49. 楊正泰,《明代驛站考》,上海:上海古籍出版社,1994 年 6 月第一版。

50. 楊暘,《明代東北史綱》,臺北:臺灣學生書局,1993 年 1 月初版。

51. 葉泉宏,《明代前期中韓國交之研究 1368～1488》,臺北:臺灣商務印書館,1991 年 7 月初版。

52. 詹怡娜,《明代的旅館事業》,宜蘭:明史研究小組,2004 年 8 月初版。

53. 劉淼,《明代鹽業經濟研究》,汕頭:汕頭大學出版社,1996 年 6 月第一版。

54. 蔡嘉麟,《明代的衛學教育》,宜蘭:明史研究小組,2002 年 2 月初版。

55. 鄭永常,《征戰與棄守:明代中越關係研究》,臺南:成功大學出版組,1998 年 5 月初版。

56. 戴順居,《明代的強盜案件──判牘中所反映的民間社會治安問題》,宜蘭:明史研究小組,2005 年 8 月初版。

57. 繆全吉,《明代胥吏》,臺北:嘉新水泥公司文化基金會,1969 年 11 月初版。

58. 謝國楨,《明清之際黨社運動考》,北京:中華書局,1982 年 11 月第一版。

59. 瞿同祖,《中國法律與中國社會》,臺北:里仁書局,1994 年 10 月。

60. 瞿同祖,《清代地方政府》,北京:法律出版社,2003 年 6 月第一版。

61. 薩孟武,《水滸與中國社會》,長沙:岳麓書社,1998 年 9 月一版。

62. 羅賓(Rebecca B. Rubin)、皮耳(Linda J. Piele),《傳播研究方法:策略與來源》(*Communication Research: Strategies and Sources*),臺北:亞太圖書,1997 年 8 月初版。

63. 譚正璧編,《三言兩拍資料》,上海:上海古籍出版社,1990 年 10 月第一版。

64. 關文發、顏廣文,《明代政治制度研究》,北京:中國社會科學出版社,1996 年 5 月第二版。

65. 蘇同炳,《明代驛遞制度》,臺北:中華叢書編審委員會,1969 年 6 月初版。

66. 蘇同炳,《明史偶筆》,臺北:臺灣商務印書館,1970 年 6 月初版。

67. 欒成顯，《明代黃冊研究》，北京：中國社會科學出版社，1998 年 7 月第一版。

（二）外文專書

1. Dorothy Ko, *Teachers of the Inner Chambers: Women and Culture in Seventeen-Century China*, Stanford: Stanford University Press, 1994.

2. Evelyn Sakakida Rawski, *Education and Popular Literacy in Ch`ing China*, Ann Arbor: University of Michigan Press, 1979.

3. Struve, Lynn A. *The Southern Ming 1644~1662*, London: Yale University Press, c1984。中譯本見：司徒琳著，李榮慶等譯，《南明史：1644～1662》，上海：上海古籍出版社，1992 年 7 月第一版。

4. 川越泰博，《明代建文朝史の研究》，東京都：汲古書院，1997 年 7 月。

5. 川越泰博，《明代異国情報の研究》，東京都：汲古書院，1999 年 4 月。

6. 谷光隆，《明代馬政の研究》，東京都：京都大学文学部東洋史研究会，1972 年。

7. 酒井忠夫，《中国善書の研究》，東京都：国書刊行会，1960 年 12 月初版。

（三）中文論文

1. 夫馬進，〈明清時期的民事審判與民間契約〉，收入《明清時期的訟師與訴訟制度》，北京：法律出版社，1998 年 10 月第一版。

2. 王毓銓，〈明朝的配戶當差制〉，《中國史研究》，1991 年一期。

3. 王鴻泰，〈社會的想像與想像的社會──明清信息傳播與公眾社會〉，收錄於陳平原等編，《晚明與晚清：歷史傳承與文化創新》，武漢：湖北教育出版社，2002 年 3 月第一版。

4. 尹章義，〈明代的馬政〉，臺北：臺灣大學歷史所碩士論文，1972 年 6 月。

5. 全漢昇，〈宋明間白銀購買力的變動及其原因〉，《中國經濟史研究》，香港：新亞研究所，1976 年。

6. 朱傳譽，〈「宋代新聞史」研究導論〉，《中國新聞事業研究論集》，臺北：臺灣商務印書館，1988 年 3 月初版。

7. 朱鴻，〈「大禮」議與嘉靖初期的政治〉，臺北：臺灣師範大學歷史研究所碩士論文，1978 年 4 月。

8. 朱鴻，〈明惠帝的用人政策〉，《師大歷史學報》第十三期，1985 年 6 月。

9. 余英時，〈漢代循吏與文化傳播〉，《中國思想傳統的現代詮釋》，臺北：聯經出版事業公司，1987 年 3 月初版。

10. 吳振漢，〈明代邸報的政治功能與史料價值〉，《國立中央大學人文學報》

第二十八期，2003 年 8 月。

11. 吳智和，〈明代江河船戶〉，《明史研究專刊》第一期，1978 年 7 月。

12. 吳智和，〈明代的江湖盜〉，《明史研究專刊》第一期，1978 年 7 月。

13. 吳智和，〈明代職業戶的初步研究〉，《明史研究專刊》第四期，1981 年 12 月。

14. 吳緝華，〈明代建文帝在傳統皇位上的問題〉，《明代制度史論叢》，臺北：作者自印，1971 年 2 月初版。

15. 呂士朋，〈明代之中越關係〉，《東海圖書館學報》第十一期，1972 年 6 月。

16. 巫仁恕，〈明清城市民變研究：傳統中國城市群眾集體行動之分析〉，臺北：臺灣大學歷史學研究所博士論文，1995 年 6 月。

17. 李洵，〈明武宗與豬禁〉，《下學集》，北京：中國社會科學出版社，1995 年 8 月第一版。

18. 李雪梅，〈明末清初工商禁碑與地方法律秩序——以江南地區「禁當行碑」為中心〉，《法制史研究》第十五期，2009 年 6 月。

19. 李龍潛，〈明代鈔關制度述評——明代商稅研究之一〉，《明史研究》第四輯，合肥：黃山書社，1994 年 12 月。

20. 林為楷，〈明代偵防體制中的夜不收軍〉，《明史研究專刊》第十三期，2002 年 3 月。

21. 林麗月，〈晚明的「服妖」議論及其性別意涵〉，收錄於王成勉主編《明清文化新論》，臺北：文津出版社，2000 年 9 月第一版。

22. 邱仲麟，〈明代北京的社會風氣變遷——禮制與價值觀的改變〉，《大陸雜誌》八十八卷三期，1994 年。

23. 邱仲麟，〈點名與簽到——明代京官朝參、公座文化的探索〉，《新史學》九卷二期，1998 年 6 月。

24. 邱澎生，〈明代蘇州營利出版事業及其社會效應〉，《九州學刊》五卷二期，1992 年。

25. 邱澎生，〈真相大白：明清刑案中的法律推理〉，收入《讓證據說話——中國篇》，臺北：麥田出版公司，2001 年 8 月初版。

26. 金耀基，〈中國政治傳統與民主轉化〉，《中國社會與文化》，香港：牛津大學初版社，1992 年。

27. 姜永琳，〈論中華帝國法律的宗教特徵〉，《明清論叢》第三輯，北京：紫禁城出版社，2002 年 5 月。

28. 徐曉望，〈明清閩浙贛邊山區經濟發展的新趨勢〉，收入《明清福建社會與鄉村經濟》，廈門：廈門大學出版社，1987 年 8 月第一版。

29. 秦國經，〈略談明清檔案的價值和作用〉，《明清檔案與歷史研究——中

國第一歷史檔案館六十周年論文集》，北京：國際文化出版，1995 年 6 月。

30. 張治安，〈明代閣臣出身經歷及籍貫之研究〉，收入氏著《明代政治制度研究》，臺北：聯經出版事業公司，1992 年 6 月初版。

31. 張榮林，〈明代吏部文選清吏司職掌之研究〉，臺北：政治大學政治研究所博士論文，1976 年 6 月。

32. 曹國慶，〈試説明代的清軍制度〉，《史學集刊》第三期，1994 年。

33. 許振興，〈論明太祖的家法——《皇明祖訓》〉，《明清史集刊》，卷三，1997 年。

34. 許敏，〈明代嘉靖萬曆年間「召商買辦」初探〉，《明史研究論叢》，江蘇：江蘇人民出版社，1982 年 4 月第一版。

35. 許賢瑤，〈明代的勾軍〉，《明史研究專刊》第六期，1983 年 6 月。

36. 連啓元，〈明代的巡倉御史〉，《明史研究專刊》第十四期，2003 年 8 月。

37. 連啓元，〈明代地方社會的公共訊息傳播〉，《中極學刊》第七輯，2008 年 6 月。

38. 連啓元，〈公牘範本與情報蒐集：朝鮮《吏文》的明代榜文收錄特色〉，《明史研究專刊》第十六期，2008 年 7 月。

39. 陳允成，〈明代鋪戶之研究〉，臺北：中國文化大學史學研究所碩士論文，1985 年 6 月。

40. 陳遼，〈朝鮮《吏文》與明史研究〉，《文獻季刊》第二期，2002 年 4 月。

41. 陳寶良，〈明代巡檢司初探〉，《天府新論》，1992 年 6 月。

42. 陳寶良，〈明代的民兵與鄉兵〉，《中國史研究》第一期，1994 年。

43. 黃宗智，〈國家和社會之間的第三領域〉，收入哈貝瑪斯（J. Habermas）等著，《社會主義：後冷戰時代的思索》，香港：牛津大學出版社，1995 年。

44. 黃眞眞，〈明代倉儲之研究〉，臺中：東海大學歷史研究所碩士論文，1983 年 6 月。

45. 黃彰健，〈論皇明祖訓錄頒行年代并論明代初封建諸王制度〉，《中研院史語所集刊》三十二本，1961 年 7 月。

46. 黃彰健，〈明洪武永樂朝的榜文峻令〉，收入氏著《明清史研究叢稿》，臺北：臺灣商務印書館，1977 年 9 月初版。

47. 趙毅，〈明萬曆朝妖書案抉微〉，《明史研究專刊》第十一期，1994 年 12 月。

48. 劉石吉，〈明清時代江南市鎮之數量分析〉，《思與言》十六卷二期，1978 年 7 月。

49. 暴鴻昌，〈明代的藩禁與藩害——兼論洪朝選對遼藩案的處理〉，收入吳智和編《洪芳洲研究論集》，臺北：洪芳洲研究會，1998 年 6 月初版。

50. 蔣竹山，〈宋至清代的國家與祠神信仰研究的回顧與討論〉，《新史學》八卷二期，1997 年 6 月。

51. 蔣義斌，〈宋代的葬俗——儒家與佛教的另一戰場〉，《國際宋史研討會論文》，臺北：中國文化大學史學研究所，1988 年。

52. 蔡嘉麟，〈明代的南贛參將——兼論南贛地區的軍事防禦體制〉，《明史研究專刊》第十三期，2002 年 3 月。

53. 蔡嘉麟，〈明代的山林生態——北邊防區護林伐木失衡的歷史考察〉，臺北：中國文化大學史學研究所博士論文，2006 年 6 月。

54. 蔡慧玉，〈「國家內捲化」（State-Involution）論爭：再論政府與社會的理論架構〉，《「認同與國家：近代中西歷史的比較」論文集》，南港：中央研究院近代史研究所，1994 年 6 月。

55. 戰繼發，〈隆武新評〉，《明史研究專刊》第十二期，1998 年 10 月。

56. 蕭慧媛，〈明代的祖制爭議〉，臺北：中國文化大學史學研究所碩士論文，1999 年 6 月。

57. 蕭慧媛，〈明代的刷卷御史〉，《明史研究專刊》第十四期，2003 年 8 月。

58. 閻崇年，〈論天命汗〉，《袁崇煥研究論集》，臺北：文史哲出版社，1994 年 5 月初版。

59. 韓大成，〈明代工商業管理〉，《明清論叢》第二輯，北京：紫禁城出版社，2001 年 4 月。

（四）外文論文

1. 川越泰博，〈明代北邊の「夜不收」について〉，《中央大学文学部史学科紀要》第四十六號，2001 年 2 月。

2. 川越泰博，〈『逆臣錄』と『藍玉党供狀』〉，《明代中国の疑獄事件：藍玉の獄と連座の人》，東京都：風響社，2002 年 2 月初版。

3. 川勝守，〈明代鎮市の水柵と巡檢司——長江デルタ地域について〉，《東方学》第七十四輯，1987 年 7 月。

4. 岸本美緒，〈崇禎一七年の江南社会と北京情報〉，收錄於《和田博德教授古稀記念——明清時代の法と社会》，東京都：汲古書院，1993 年 3 月。

5. 宮崎洋一，〈明清時代森林資源政策の推移——中国における環境與認識の変遷〉，《九州大学東洋史論集》第二十二號，1994 年 1 月。

6. 佐藤学，〈明末清初一地方こける同業組織と與公權力——蘇州府常熟縣「當官」碑刻を素材こ〉，《史学雑誌》九十六編六號，1987 年。

7. 奥山憲夫，〈明軍の給予与支給について——正統、景泰朝を中心にして〉，收錄於《和田博德教授古稀記念——明清時代の法と社會》，東京都：汲古書院，1993 年 3 月。

8. 檀上寬，〈朝鮮王朝編『吏文』收載の「榜文」に見る明初の対外政策〉，收錄於夫馬進編《中国明清地方檔案の研究》，京都：京都大学文学院文学研究科東洋史研究室，2000 年 3 月。

三、工具書

1. 山根幸夫，《新編明代史研究文獻目錄——付韓國明代史文獻目錄》，東京：汲古書院，1993 年 11 月。

2. 中文大辭典編纂委員會編，《中文大辭典》，臺北：中華學術院，1973 年 10 月初版。

3. 中國文化大學史學研究所明代政治制度史全體研究生編，《明代政治制度史類目初稿》，宜蘭：明史研究小組，2000 年 6 月一版。

4. 中國文化大學史學研究所明代社會生活史全體研究生編，《明代社會生活史類目初稿》，宜蘭：明史研究小組，2001 年 6 月一版。

5. 中國社會科學院歷史研究所明史研究室編，《中國近八十年明史論著目錄》，鎮江：江蘇人民出版社，1981 年 2 月第一版。

6. 中國科學院北京天文臺主編，《中國地方志聯合目錄》，北京：中華書局，1985 年 1 月第一版。

7. 中國歷史大辭典‧明史編纂委員會編，《中國歷史大辭典‧明史卷》，上海：上海辭書出版社，1995 年 12 月第一版。

8. 引得編纂處編，《八十九種明代傳記綜合引得》，北京：中華書局，1987 年 8 月第一版。

9. 牛平漢編著，《明代政區沿革綜表》，北京：中國地圖出版社，1997 年 10 月第一版。

10. 王德毅主編，《中華民國臺灣地區公藏方志目錄》，臺北：漢學研究資料及服務中心，1985 年 3 月初版。

11. 吳智和，《明史研究中文報刊論文專著分類索引》，臺北：編者油印本，1976 年。

12. 吳智和，《中國史研究指南 IV‧明史》，臺北：聯經出版事業公司，1990 年 5 月初版。

13. 吳智和、賴福順編著，《戰後台灣的歷史學研究 1945～2000：明清史》，臺北：行政院國家科學委員會，2004 年。

14. 李小林、李晟文，《明史研究備覽》，天津：天津教育出版社，1988 年 2 月第一版。

15. 武樹臣主編,《中國傳統法律文化辭典》,北京:北京大學出版社,1999年。

16. 徐泓,〈六十年來明史之研究〉,收入《六十年來之國學》(三),臺北:正中書局,1976年3月臺二版。

17. 國立中央圖書館,《明人傳記資料索引》,臺北:國立中央圖書館,1978年1月再版。

18. 國立中央圖書館特藏組編輯,《國立中央圖書館善本書目》,臺北:國立中央圖書館,1986年12月增訂二版。

19. 國立中央圖書館特藏組編輯,《臺灣公藏方志聯合目錄增訂本》,臺北:國立中央圖書館,1981年10月初版。

20. 漢學研究中心資料組編,《漢學研究中心景照海外佚存古籍書目初編》,臺北:漢學研究中心,1990年3月初版。

21. 譚其驤主編,《中國歷史地圖集·元明時期》,北京:地圖出版社,1982〜1987年。